GUÍA DE AVES DE LA SIERRA DE GUADARRAMA

Juan Antonio Rodríguez Llano

ediciones

LA LIBRERÍA

1.ª edición: 2017
3.ª edición: 2024

Cubierta y maquetación: Javier Fernández Lizán

ISBN: 978-84-9873-533-8
Depósito legal: M-2791-2024

Impreso en España/Printed in Spain

A Hugo y Sofía.
A Begoña

Clasificación de las aves
según el ámbito en que viven

 Lugares habitados

 Campo abierto

 Zonas húmedas

 Zonas arboladas

 Zonas de montaña

La sierra de Guadarrama es un territorio enormemente heterogéneo y dispar: cuenta con cumbres que ascienden a más de dos mil metros de altura, cantiles, cortados, llanuras, ríos, bosques, campos de cultivo, prados y también pueblos de diverso tamaño. Todos esos elementos, tan variados, permiten la existencia de una fauna y una flora igualmente variada. Es una suerte para los que vivimos aquí o en sus cercanías, o para los que se acercan a disfrutar de este particular microcosmos.

Las singularidades paisajísticas, ecológicas e históricas de este territorio han sido reconocidas a lo largo del tiempo de forma que distintas zonas de su ámbito fueron protegidas en ambas vertientes durante el último siglo. Finalmente, hace pocos años, el Guadarrama fue declarado parque nacional, la figura de protección más relevante de nuestro país. Esto significa que nos encontramos ante un espacio natural muy especial: la sierra de Guadarrama es uno de los lugares más valiosos de la naturaleza española.

La sierra de Guadarra sirve como frontera natural entre dos provincias (Segovia y Madrid). Geográficamente, sus cumbres, casi nunca escarpadas, separan las inmensas llanuras de la vieja Castilla y la Mancha, pero se trata, al mismo tiempo, de una sierra ancha, en forma de «x» en la que encontramos valles interiores y un escalonamiento de cumbres de distintas alturas. Su naturaleza rocosa, principalmente metamórfica, queda al desnudo en algunos enclaves de una singularidad paisajística excepcional, como la Pedriza o La Cabrera. En la zona más norteña de la ladera segoviana y pequeños enclaves madrileños aflora la roca caliza cambiando las normas para que se asiente la vegetación y provocando parajes muy distintos.

En conjunto, el Guadarrama es un enorme mosaico de ecosistemas que van desde las cumbres alpinas hasta los bosques de pinos silvestres, los bosques de galería, los sabinares, los robledales, los encinares, los pinares de repoblación, los canchales, los pastizales de montaña, etc.; esta riqueza de parajes distintos es la que permite la existencia de una fauna muy variada.

La fauna del Guadarrama es heterogénea. Es rica en reptiles, anfibios, insectos o aves. Entre las especies más valiosas y extrañas del parque nacional se cuentan mariposas, como la *Graellsia isabelae*, mamíferos como el desmán ibérico o el lobo, entre las aves destacan el águila imperial, el buitre negro o la cigüeña negra.

La presencia de estas especies y muchas otras nos indica la salud de esta naturaleza, que palpita soportando la presión de carreteras, urbanizaciones y distintos proyectos desarrollistas a poco más de cincuenta kilómetros de una gran urbe como Madrid.

Las mariposas y demás insectos y, por supuesto, las aves, son algunos de los animales más atractivos y más fáciles de ver y reconocer y, por tanto, de disfrutar. No es de extrañar que la ciencia de la biología tenga una de sus más reputadas y extendidas especialidades en la ornitología. De hecho, son muchos los aficionados a observar aves.

Los primeros «guadarramistas» ya repararon en la cantidad y diversidad de aves de la sierra de Guadarrama. Los textos que nos llegan desde mediados del siglo XIX fueron escritos por naturalistas y cazadores. Lo más interesante es comprobar que entonces la avifauna era más rica y abundante ya que los alimoches anidaban con frecuencia en ambas vertientes y el quebrantahuesos formaba parte del elenco de aves habituales que nidificaban todos los años.

En 1875 Joaquín María de Castellarnau publicó uno de los primeros libros de aves de España con su *Estudio ornitológico del Real Sitio de la Granja de San Ildefonso y sus alrededores seguido de Catálogo Metódico de las Aves Observadas*. En total menciona 147 especies.

A pesar del interés por la naturaleza de nuestra sierra, desde mediados del siglo XIX y de las intensas e interesantes corrientes de naturalistas que han pateado sus faldas, nunca ha habido un gran interés popular por estos temas y este territorio. No es hasta hace pocos decenios que el número de personas interesadas en conocer, preservar y disfrutar la naturaleza serrana ha crecido sustancialmente.

Acercarse a conocer la sierra de Guadarrama es disfrutar de sus parajes y de sus seres. Las aves, sin duda, son unos de los protagonistas a la hora de descubrir esta prodigiosa naturaleza. Ellas nos permiten observar, aprender y disfrutar a lo largo de todo el año y en todos los rincones y ecosistemas de la sierra.

La sierra de Guadarrama nos brinda la oportunidad de observar una gran diversidad de aves. Se han contado cerca de ciento treinta especies de aves en el entorno de la sierra de Guadarrama (concretamente 133) a lo largo de todo el año.

¿Quién no conoce una paloma urbana, un águila, una gallina o un gorrión? Todas ellas tienen muchas cosas en común porque las aves comparten un patrón básico muy reconocible: cabeza con pico, cuello y cuerpo compacto: un par de alas y un par de patas. Además, gran parte de su cuerpo y cabeza están cubiertos de plumas. Las aves, por tanto, son inconfundibles.

Sin embargo, ese modelo tan reconocible es muy cambiante. Sus elementos básicos, picos, patas, alas o el color de su plumaje pueden ser enormemente variables: las patas pueden ostentar temibles y puntiagudas garras para hacer presa, pueden ser largas para chapotear sin mojarse, pueden tener membranas interdigitales para empujarse en el agua o pueden formar ganchos para ascender por los troncos de los árboles... Lo mismo pasa con los picos: están adaptados para comer granos, carne, insectos o algas y sus tamaños y formas varían de manera increíble. Las alas pueden ser enormes para volar como cometas o pequeñas y muy cortas para hacer vuelos raudos y rectos...

Como vemos las aves gozan de una gran diversidad de formas y tamaños que las capacitan para explotar todos los ambientes de la sierra de Guadarrama.

Observar aves en la sierra no es complicado, basta con abrir bien los ojos y los oídos.

El gorrión común aparentemente no necesita presentación. Es tan corriente que casi pasa
desapercibido. Sin embargo, es un pájaro muy
interesante.

Machos y hembras se diferencian claramente:
ellos tienen un babero negro que crece ostensiblemente en la época
de celo. La cabeza de los machos se adorna además con una mancha gris
en el píleo bordeada por un brillante color castaño que se prolonga por el
cuello. Las mejillas son blanquecinas. Las hembras son más apagadas, con
tonos grises, blanquecinos y pardos. Los jóvenes tienen los mismos colores
que las hembras.

Los gorriones anidan en distintos lugares: huecos de construcciones y árboles, viejos edificios, tejados e incluso aprovechan los inmensos nidos de las
cigüeñas para colocar su pequeña casa entre las ramas apiladas. Cada nidada
se compone de tres a seis pollos que alimentan ambos padres. En esta época,
desde la primavera a los primeros días del verano, los gorriones cazan inmensas cantidades de insectos para alimentar a su prole. Cada año pueden hacer
dos o tres nidadas, dependiendo de la bondad climatológica.

En los últimos años se ha constatado un serio declive de las poblaciones de
gorriones de Europa, incluida España. Los pueblos de la sierra de Guadarrama
también se han visto afectados por esta inusual disminución de gorriones.
Es posible que los cambios urbanísticos y sobre todo la desaparición de la
ganadería y la agricultura tradicionales hayan provocado una disminución de
recursos alimenticios.

Gorrión molinero
(Passer montanus)

El gorrión molinero es un poco más pequeño que el gorrión común, parece más frágil y delicado. Es de carácter más huidizo y tímido aunque vive cerca de los pueblos. Acorde con su temperamento discreto su voz es poco potente y, en general, es silencioso.

Su residencia habitual son los aledaños más silvestres de los poblados, donde se mezclan campos de cultivo, pastos, setos y arbolado.

Se trata de un gorrión poco abundante que, muy de vez en cuando, durante los meses de invierno, forma grandes bandos, agregándose a los gorriones comunes y los pinzones.

La mejor manera de distinguirlo es fijándose en la mejilla que se adorna con una notable mancha negra sobre el fondo blanco. Tanto la nuca como el píleo –desde la frente a la nuca– son de color castaño y muestra un pequeño babero negro. Machos y hembras tienen el mismo aspecto. El pico, de color negro es más pequeño que el del gorrión común. Su alimentación se basa en la búsqueda de semillas e insectos que varían en proporción a lo largo del año.

Hace el nido en viejas construcciones como vallas, molinos apartados, casetas de trabajo, pajares o cuadras y utiliza huecos y agujeros que forra con briznas, hierbas y tejidos. Hace dos o tres nidadas al año y cría entre cuatro y siete pollos cada vez. Machos y hembras comparten las tareas de alimentación y cuidado de las crías.

Gorrión moruno
(Passer hispaniolensis)

Los machos de gorrión moruno ofrecen un aspecto llamativo ya que, además del color castaño rojizo de la cabeza, muestran el pecho y la espalda festoneados de bandas negras. Sin embargo las hembras de gorriones morunos y comunes son igual de anodinas en su colorido. Por lo demás, su tamaño es semejante al del gorrión común y su voz también es muy parecida.

A los gorriones morunos no parecen gustarles mucho las zonas montañosas así que en los aledaños del Guadarrama ocupan las riberas de los ríos y los sotos. Se trata de aves muy gregarias que forman colonias estables y compactas entre las ramas de los chopos, las encinas o los fresnos. A lo largo de todo el año forman bandos vocingleros y ruidosos que merodean por huertos, sotos y arboledas.

Su dieta se basa en gran medida en semillas silvestres o cultivadas, brotes y frutos aunque no desprecian insectos o cualquier otro invertebrado. Precisamente la dieta de los pollos se basa en insectos que les aportan una considerable dosis de proteínas. De alguna manera compensan las molestias en los cultivos con su labor de desinsectación.

Su época de reproducción empieza en abril y se prolonga hasta el mes de agosto de manera que se suceden entre dos y tres nidadas. Sus puestas oscilan entre los dos y los ocho huevos.

La grajilla es un cuervo pequeño que frecuenta las ruinas, los edificios antiguos, los campanarios o los viejos puentes de piedra. Mide unos treinta centímetros, como las palomas comunes, y su plumaje es negro excepto la nuca, que se tiñe de un llamativo tono gris perla. Sus ojos son claros, de color azulado.

Las grajillas hacen vida de comunidad y suelen formar colonias estables. Normalmente se las ve en parejas ya que forman «matrimonios» estables que van juntos a todas partes. Su vida social es muy compleja y su nivel de comunicación es muy elevado. Utilizan una gran cantidad de sonidos para intercambiar información.

Su distribución en la sierra muchas veces está ligada a la existencia de ruinas y viejos edificios en ambas vertientes.

Las grajillas frecuentan los terrenos abiertos y los descampados y praderas donde abunda el ganado. Allí rebuscan entre la hierba y las boñigas para encontrar todo tipo de insectos y semillas. Como buenos cuervos son adaptables y muy inteligentes y han sabido encontrar en los basureros otra fuente de alimentos muy variados.

Nidifican en primavera. Su nido lo construyen a base de ramitas y lo tapizan con crines, lana y todo tipo de materiales suaves. Siempre construyen su nido en huecos o cavidades: las que les ofrecen las ruinas, los cantiles o los cuerpos enormes de los viejos fresnos. Suelen poner entre tres y cinco huevos en cada nidada.

Estornino negro
(Sturnus unicolor)

El estornino negro es un habitante común del pueblo pero utiliza los edificios y los cascos urbanos como ciudades dormitorio ya que, en realidad, pasan todo el día en los campos de cultivo, en los prados, las dehesas y los aledaños de los pueblos donde el ganado es abundante. Al atardecer regresan al pueblo: a pernoctar durante el invierno o a criar a sus pollos durante la primavera.

En invierno pueden juntarse decenas, centenares o miles de individuos para dormir juntos entre las enredaderas de un paredón o en los árboles de los parques. Cuando atardece merodean por antenas y tejados desgranando preciosas melodías compuestas por retazos variados que incluyen cantos de otras aves como cernícalos, alondras u oropéndolas.

Los estorninos negros cambian de plumaje según la estación. En otoño e invierno su traje negro se espolvorea de finas motas blancas y en primavera se torna de un negro brillante con irisaciones metálicas.

Es uno de los pájaros más fáciles de ver en el entorno rural. Su dieta es muy variada e incluye multitud de invertebrados, semillas y frutos. Casi siempre se alimentan en el suelo, formando bandos más o menos numerosos aunque también pueden asaltar olivos o viñas y comer los frutos desde las ramas.

Crían en los huecos de las paredes, las chimeneas o bajo las tejas y también en los huecos de los árboles. Sacan entre cuatro y seis pollos en cada nidada y cada año hacen dos o tres según sea de bondadosa la primavera.

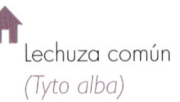

Lechuza común
(Tyto alba)

La lechuza común es una rapaz nocturna plenamente adaptada al ecosistema rural. Durante el día estas aves se esconden en el interior de los caserones abandonados, de las ruinas, los sobrados o los campanarios. Por la noche salen de sus escondrijos y vuelan a sus posaderos tanto del pueblo como de los campos cercanos. Son unas magníficas cazadoras que aprovechan la legión de roedores que acompañan al ser humano ya que son expertas en atrapar ratones y ratas además de musarañas y grandes insectos.

A pesar de esa eficaz y beneficiosa actividad de las lechuzas mucha gente muestra una actitud negativa que proviene de antiguas e injustificadas supersticiones. Parte de su mala fama se debe a los suspiros y silbidos que emiten durante la noche y que atemorizan a los desprevenidos noctámbulos.

Las lechuzas tienen varios diseños cromáticos pero el más común muestra el pecho blanco salpicado de motas oscuras; el disco facial en forma de corazón también es de color blanco y la espalda y las alas de tonos ocres y grises con un fino moteado negro.

Las patas están emplumadas hasta los dedos y sus garras son negras, finas y muy afiladas. Los bordes de las alas están desflecados para mitigar el ruido al volar y sorprender así a sus víctimas.

Para criar buscan rincones solitarios dentro de edificios como los sobrados o las buhardillas de casas abandonadas. No construyen nido, se conforman con poner sus huevos, muy redondos y blancos, sobre el suelo. Cuando la comida es abundante pueden sacar adelante hasta siete pollos a la vez pero normalmente ponen de tres o cuatro huevos.

Golondrina común
(*Hirundo rustica*)

La golondrina es un pájaro muy popular fuertemente arraigado a la vida rural y a sus tradiciones. Su llegada durante la primavera temprana era festejado como un buen augurio.

Cuando llegan en seguida toman posesión de los mismos lugares donde anidaron el año pasado: cuadras, establos y portalones resguardan a sus nidos de la intemperie. Los pegan a las paredes y las vigas, siempre cerca del techo. Construyen cada nido con pegotes de barro y paja formando media copa que se abre en su parte superior. El interior lo tapiza de materiales cálidos y suaves para albergar a su nidada.

Machos y hembras muestran los mismos colores: el pecho y las alas son de color negro con brillos azulados. Un babero del mismo color enmarca la cara y a una mancha de color rojo oscuro que se extiende en torno al pico. El vientre suele ser blanco aunque algunas se tiñen de tonos cremosos. Las rectrices de la cola son muy largas y sobresalen notablemente cuando están posadas. En vuelo, al abrir la cola, se observa una profunda escotadura que le da apariencia de tijera.

Suelen posarse en los cables de la luz y parlotear animadamente con una especie de chismorreo que mezcla gorjeos y chirridos.

Las golondrinas son unas voraces consumidoras de insectos que cazan en pleno vuelo gracias a sus rapidísimos movimientos. Son tan hábiles en sus acrobacias que beben o se bañan sin parar de volar.

Cada año hacen dos o tres nidadas, dependiendo de la bonanza del año, y sacan en cada una a cuatro o cinco pollos.

Los aviones son aves urbanitas que les gusta vivir en comunidad. Siempre forman colonias en el interior de los pueblos. Buscan la protección de los aleros de los tejados para construir sus nidos a base de pegotes de barro. Pueden instalarse en una milenaria iglesia románica o en un edificio moderno de una urbanización.

Son fáciles de reconocer por su plumaje blanco en el vientre, el gaznate y el obispillo y negro en la espalda, la cabeza, las alas y la cola. Suelen volar formando grupos que con frecuencia se alejan de los pueblos para capturar insectos.

Los aviones forman colonias bajo los aleros de los edificios de la sierra. Es una de las aves más urbanas ya que la mayor parte de sus colonias nacen y crecen adheridas a los edificios de los pueblos y ciudades. En algunos pueblos los nidos, como pequeñas pelotas de barro tan grandes como un puño, se apelotonan unas contra otras a menos de dos metros de las cabezas de los vecinos que trasiegan sin incomodar para nada a los aviones comunes. En otras ocasiones prefieren formar colonias más laxas bajo aleros de grandes edificios de tres o cuatro pisos de altura en las urbanizaciones serranas. Incluso aún se puede observar una buena colonia en estado salvaje en la ladera segoviana, pegada a los extraplomos de los cortados del río Cega.

Hacen hasta tres nidadas cada año y sacan entre tres y cinco pollos en cada una. Cada año construyen un nido nuevo y los antiguos suelen ser reutilizados por otras especies como los gorrines comunes. Antes de regresar a África al final del verano se reúnen en grupos de cientos de individuos que se posan en largas hileras sobre los cables de la electricidad.

Mirlo
(Turdus merula)

El mirlo común es un ave llamativa y frecuente en nuestro entorno. Vive en multitud de ecosistemas y no rehuye la presencia humana, al contrario, suele frecuentar parques, jardines y urbanizaciones.

Su tamaño ronda los veinticinco centímetros de longitud y en ellos destaca su larga cola. Los machos son de un brillante y oscuro color negro, muy elegante, que contrasta con el pico, las patas y el anillo ocular que enmarca el ojo, todos ellos de un vivo color naranja. Las hembras suelen tener una librea parda con algunas motas más oscuras en el pecho y la garganta.

Los mirlos poseen uno de los cantos más melodiosos y potentes de todas las aves serranas, además resulta fácil de oír ya que, con mucha frecuencia, establecen sus territorios de cría en jardines, huertos y parques. Los machos comienzan sus serenatas al principio de la primavera. Antes de que salga el sol se encaraman en lo alto de arbustos, setos o antenas y comienzan a emitir su poderoso canto.

Los mirlos se nutren de una gran diversidad de alimentos: se les puede ver acechar a las lombrices en el césped de los jardines, rebuscar entre la hojarasca que el otoño almacena en las aceras o seleccionar los mejores frutos de zarzamoras o hiedras en las afueras de los pueblos.

Cada año hacen dos o tres nidadas. Su etapa reproductora comienza a finales de marzo y acaba a finales de julio. Construyen un complejo nido en el interior de arbustos, en zarzas o muros, ocultos tras las cortinas naturales que forman las hiedras. Primero preparan un entramado de ramas grandes que tapizan con barro hasta formar una taza perfecta. La taza de barro la forran con suaves briznas de hierba y pequeñas ramas que forman un colchón mullido y cálido. Ponen entre tres y seis huevos.

Vencejo
(Apus apus)

Los vencejos tiene fecha de llegada y de partida. Suelen aparecer alrededor de la tercera semana de abril y parten tras la crianza de los pollos a mediados de agosto. Son unos veraneantes más de los pueblos y las ciudades del ambiente serrano.

Sus gritos son inconfundibles y su silueta también: tienen forma de hoz voladora con las alas delgadas y puntiagudas y la cola corta con una profunda hendidura en su mitad. Son de color pizarra con tonos más oscuros o más grises dependiendo de la parte del cuerpo.

Pasan la mayor parte de su vida en el aire: duermen, cazan, copulan y viajan grandes distancias siempre en lo alto del cielo. Se trata del ave más adaptada a este medio. Solo se posan cuando incuban los huevos en la época de reproducción y cuando ceban a sus pollos; de hecho sus patas son pequeñas y débiles, aunque tengan unas garras ganchudas y grandes. Son tan poco útiles que si un vencejo cae al suelo no puede impulsarse para reemprender el vuelo.

Los vencejos están íntimamente ligados a los asentamientos urbanos porque en ellos encuentran los huecos que necesitan para instalar su precario nido. Les basta cualquier pequeño agujero en un muro o en un tejado para acomodarse y colocar entre dos y cuatro huevos sobre el suelo. El acueducto de Segovia, por ejemplo, cuenta con una gran población de vencejos que anidan entre las fisuras de las piedras.

Cigüeña blanca
(Ciconia ciconia)

La cigüeña blanca es otra de las aves más ligadas a los ecosistemas humanos y también a su cultura. Hoy es casi impensable imaginar un pueblo sin que un gran nido de cigüeña adorne la espadaña de la iglesia. Además de las iglesias, los castillos, las ruinas e incluso las grandes torres eléctricas, sus colonias se extienden por los sotos de fresnos salpicados de jugosos prados donde crece la hierba para el ganado.

Esta zancuda puede superar los 115 centímetros de altura. Su estampa es muy elegante con un andar espacioso y rítmico que hace resaltar su contrastado plumaje negro y blanco. Sus finas patas son de color rojo anaranjado, al igual que el pico.

Frecuenta prados, orillas de ríos y embalses y campos de cultivo. Su dieta se basa en la captura de los más diversos animalillos: saltamontes, lombrices, lagartijas, roedores o serpientes y se complementa, cuando visita los vertederos, con todo tipo de desperdicios orgánicos.

Dependiendo de la abundancia de comida del año y de la climatología puede secar entre dos y seis pollos que crecen en un voluminoso nido que arregla cada año y que puede llegar a pesar más de media tonelada.

A lo largo de los últimos decenios sus poblaciones han mostrado grandes fluctuaciones. Entre los años 70 y 80 sufrió una gran caída pero después comenzó una rápida recuperación ligada a la explotación de nuevas fuentes de alimento, como los vertederos urbanos. Desde hace años parece que su población se ha estabilizado en ambas vertientes de la sierra.

Paloma bravía
(Columba livia)

La paloma bravía es la antecesora de las palomas domésticas y con frecuencia se cruza con ellas. En estado salvaje busca acantilados para criar y protegerse. Muchas de las palomas que habitan furtivamente en los pueblos y que pululan libremente por los alrededores son descendientes de estas palomas. Su plumaje es azulado, con el buche irisado con tonos esmeraldas, opalinos y granates y la cabeza es de color azul petróleo. Las alas muestran un par de bandas oscuras sobre un fondo gris claro.

Como todas las palomas, se alimentan de briznas, semillas, hierbas y hojas tiernas. Sus pariente urbanas merodean por calles y plazas en busca de los restos de comida que arrojan los humanos y, con frecuencia, sufren diversas enfermedades asociadas a la suciedad. Han pasado en pocos años de ser una valiosa fuente de proteínas por su carne y sus huevos a convertirse en un animal molesto que los ayuntamientos intentan eliminar para que no deteriore los edificios con sus deyecciones ácidas.

Para criar buscan huecos en los edificios y construyen un precario nido con algunas ramillas. Generalmente ponen dos huevos y cría a los pichones suministrándoles una especie de leche que segrega el buche; se conoce como «leche de paloma» y es muy nutritivo. A medida que los pichones crecen la «leche de paloma» se mezcla con las semillas que ingieren los adultos formando una papilla muy alimenticia.

Verdecillo
(Serinus serinus)

El verdecillo es un pariente de canarios y jilgueros de aspecto más delicado y diminuto; de hecho, se trata del más pequeño de los fringílidos que habitan en la sierra. Es habitual en huertos, prados y jardines, donde cría con frecuencia.

Su nombre hace referencia a su plumaje ya que se tiñe de color verde oliva con matices alimonados y estrías oscuras que forman barras que atraviesan parte del pecho y el vientre. La barriga es de color blanquecino. Dos detalles pueden ayudar a reconocerlo: uno es su pico, que es corto y pequeño, de manera que dan una aire chato a su rostro. Por otro lado, la mejilla se marca claramente desde el ojo a la garganta ya que es de color verde oscuro sobre los tonos amarillos.

Durante la época de celo, en primavera, los machos se tiñen de un llamativo color limón que contrasta con el oscuro verde oliva. Para marcar su territorio cantan a voz en pecho desde ramas elevadas desgranando una melodía atribulada y aguda.

Los verdecillos tienen una dieta que se fundamenta en semillas y brotes. Durante el invierno recolecta grandes cantidades de semillas minúsculas de gramíneas y otras muchas plantas que menudean por el entorno rural. Cuando llega la primavera incluyen brotes y yemas de árboles y arbustos.

Construyen un primoroso nido a base de hierbas, líquenes, crines, etc., en el interior de un arbusto o de un pequeño árbol, donde depositan entre tres y cinco huevos. A los pollos los alimentan con una pasta fresca de semillas y brotes que regurgitan en el pico de cada uno. Suelen hacer dos o tres nidadas cada año.

Tórtola turca
(Streptopelia decaocto)

Se podría decir que la tórtola turca es una recién llegada que ha decidido vivir con nosotros. Se trata de una pequeña paloma que se ha adaptado perfectamente al ambiente rural y urbano y ha colonizado con éxito los aledaños de la sierra, las zonas más bajas y urbanizadas. Su arrullo monótono y repetitivo se escucha en ambas vertientes. Este sonido llegó a las faldas serranas no hace mucho tiempo ya que el proceso colonizador de la tórtola turca en la península comenzó en los años sesenta y lo culminó en los ochenta del pasado siglo, cuando ya estaba presente en todo el territorio.

La tórtola turca es un poco más grande que la tórtola común y un poco más estilizada, sus colores cremosos y cenicientos son más suaves y en el cuello se distingue un collar oscuro de una sola línea que no se cierra en la garganta.

Como todas las palomas su dieta es vegetariana. La mayor parte se compone de semillas de plantas herbáceas y cereales.

Es un ave muy confiada que es capaz de establecer su precario nido en el alfeizar de la ventana o en una maceta abandonada. Lo más normal es que construya una somera plataforma con unas pocas ramas en el interior de un árbol o un arbusto. Cada puesta consta de dos huevos.

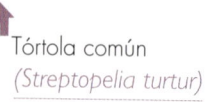

Tórtola común
(*Streptopelia turtur*)

La tórtola común es una paloma grácil que cría en Europa pero regresa a África para pasar el invierno. La población más importante de Europa se instala en España donde resulta más abundante durante los pasos migratorios de primavera y otoño. Esta paloma muestra una clara disminución de su población en los últimos años.

En la sierra busca los territorios más bajos como los encinares y los sotos.

Su estampa es muy elegante: además de su porte estilizado resalta su plumaje de aspecto festivo. La base de color de la tórtola común es un tono gris perla con matices rosados y amatistas. Los ojos se enmarcan con dos finos aros rojizos y en su cuello resalta un collar de listas negras y blancas que no se cierra en la garganta. Las alas se adornan con grandes plumas de anchos ribetes anaranjados que enmarcan manchas grises y negras.

Busca territorios despejados salpicados de árboles que se sitúen por debajo de los mil metros de altura y en ellos se alimenta de infinidad y variedad de granos de las plantas más diversas.

Construye el nido en el ramaje de los árboles a base de pequeñas ramas que forman una endeble plataforma donde deposita uno o dos huevos. Cada año hace dos o tres nidadas entre los meses de mayo y agosto.

Urraca
(Pica pica)

La urraca es un ave muy común en toda la sierra, en especial en sus cotas bajas y en los territorios más humanizados. Se trata del córvido más abundante de la península ibérica y, sin duda, también resulta ser el más común de toda la región. Tiene una gran capacidad de adaptación pero se decanta por los campos de cultivo, los parques urbanos, los aledaños de los pueblos o las explotaciones agropecuarias de sotos y dehesas.

Tiene el tamaño de una paloma grande con las patas más largas y la cola de grandes dimensiones, en forma de rombo cuando vuela. Su plumaje es blanco y negro con tonos irisados verde esmeralda y rosa amatista, especialmente en la cola.

Durante el día se pueden ver individuos solitarios pero al atardecer se concentran en posaderos que pueden albergar cientos de individuos.

Uno de los secretos de su éxito adaptativo –que le está permitiendo incrementar sus poblaciones– es su tolerancia frente al ser humano, pero también su capacidad para explotar todo tipo de recursos alimenticios. Efectivamente come de todo: semillas, granos, brotes e insectos, es capaz de depredar sobre pollos y huevos de otras aves y captura roedores o pequeños animales enfermos. Los basureros y los muladares también le proveen de buenas raciones de proteínas.

Nidifica en árboles, arbustos o zarzas, y construye un complejo nido, muy voluminoso, con una empalizada en forma de bola muy difícil de penetrar por los depredadores. Una gran taza de barro forrada por ramas pequeñas y suaves contiene la nidada, que puede variar entre cinco y ocho huevos.

Cernícalo primilla
(Falco naumanni)

El cernícalo primilla es un pequeño halcón al que le gusta acercarse a los enclaves humanos. Su aspecto es muy parecido al del cernícalo común pero el color de los machos es más conspicuo: contrasta el pecho cremoso –moteado de oscuros goterones– con la cabeza gris pizarra y la espalda de color rojo teja. Las hembras de ambos cernícalos son muy similares, con colores leonados densamente moteados. Sin embargo, los primillas son algo más pequeños y de aspecto más estilizado que los cernícalos comunes.

Los primillas llegan entrada la primavera y toman en seguida posesión de sus viejos nidos, establecidos en campanarios, ruinas y viejas construcciones. Utilizan los huecos de los edificios para hacer su nido. En realidad se conforman con poner sus huevos, entre tres y seis, en una pequeña hondonada de un agujero discreto y seguro o bajo las tejas de una techumbre semiderruida.

Suelen formar colonias más o menos numerosas que se hacen notar por la continua algarabía de machos y hembras que gritan sin cesar. Cuando nacen los pollos el trajín es mucho mayor.

Los primillas se alimentan de insectos que capturan en prados y campos de cultivo y también cazan roedores, musarañas y pequeños reptiles. Su número ha disminuido enormemente en los últimos decenios y solo es posible verlos en algunos pueblos de las faldas del Guadarrama.

Pardillo
(Acanthis cannabina)

El pardillo es otro pariente de los verdecillos pero un poco más estilizado. Su nombre popular también hace referencia al color pardo de su plumaje, sobre todo en invierno. Se trata de un fringílido de pico corto que luce unas galas apagadas la mayor parte del año con tonos marrones y pardos formando barras a lo largo de la espalda, los flancos y el pecho. La cabeza ofrece el mismo aspecto pero con las barras más tenues. Las hembras tienen un color aún más apagado que los machos. Ellos cambian el plumaje en primavera y se adornan con una refulgente pechera de color rojo que toma tanta intensidad que parece que el pajarillo está sangrando. También la frente toma color carmesí durante la época de celo.

Los pardillos frecuentan las cercanías de los pueblos: campos de cultivo, praderas y huertos. Su dieta es vegetariana y se especializan en recolectar pequeñas semillas de plantas silvestres que buscan en el suelo. Durante la época de cría también capturan pequeños insectos para completar la dieta de sus pollos.

La hembra es la encargada de construir un pequeño nido a base de hierbas y musgos que tapiza con materiales más suaves coma lana o crines. Cada nidada consta de cuatro a seis huevos y puede hacer un par cada primavera.

Durante el invierno forma bandos con otros pájaros.

Mochuelo
(Athene noctua)

Las rapaces nocturnas están bien representadas en el medio rural, aunque sus poblaciones han ido disminuyendo en los últimos años. Su discreción les permite asentarse cerca de los humanos sin provocar molestias y sin llamar la atención más de la cuenta. El pequeño mochuelo es un habitante común de la periferia de los pueblos. No le gusta adentrarse en los cascos urbanos pero sí suele buscar refugio en los muros y casas que rodean los huertos, las cuadras y los campos de cultivo. Su presencia se deja notar durante la época de celo en los sotos de fresnos o en los campos con majanos, donde se oculta cómodamente durante el día.

El mochuelo es una rapaz que mide poco más de 20 centímetros y se diferencia por su gran cabeza carente de orejas plumosas. Su plumaje es de tonos pardos y grises con un grueso jaspeado blanco. Machos y hembras tienen el mismo aspecto.

Esta rapaz es una gran consumidora de pequeños vertebrados como ratones y musarañas pero su dieta incluye muchos más insectos de todo tipo como se puede comprobar desmenuzando algunas de sus egagrópilas. Estas aves comienzan su jornada a últimas horas de la tarde cuando se les puede observar posadas cerca de sus guaridas, desperezándose sobre piedras, muros o viejos árboles.

En primavera lanzan una especie de maullidos que indica que ya están en celo.

Anidan en el interior de muros o ruinas, en los majanos y en los huecos de los viejos árboles serranos. Hacen una nidada al año y la hembra pone entre dos y cinco huevos.

Milano real
(Milvus milvus)

El milano real es una de las rapaces más llamativas que sobrevuela los cielos del Guadarrama. Además de su ostentosa cola ahorquillada, inconfundible por su forma, se engalana con un plumaje elegante y vistoso: la cabeza y el gaznate parecen de plata finamente vermiculada y sus ojos relucen como pequeñas piedras de cuarzo ahumado. El pecho es leonado, casi dorado, surcado por finas trazas oscuras; sus garras y la cera del pico son de color amarillo limón.

Durante el invierno resulta más frecuente por la llegada de milanos europeos y del norte de la península y en las estaciones bonancibles quedan unas cuantas parejas que se reparten los territorios más favorables de la rampa serrana para construir sus nidos.

Le gustan los terrenos despejados con arbolado disperso como los sotos, las praderas, las dehesas de encinas o robles o los linderos de los bosques. Sobrevuela sin mover muchos las alas durante largos ratos o se posa en los postes que bordean las carreteras.

A pesar de ser un ave rapaz, su maña cazadora no es notable. Prefiere sobrevolar las carreteras en busca de pequeños animales atropellados o visitar los muladares y basureros que orlan la sierra. No obstante, caza roedores, anfibios, reptiles y crías de distintos animales.

El nido lo construyen en el corazón de grandes árboles, capaces de sustentar su peso, nido que arreglan todo los años. Cada año sacan adelante a una nidada que puede variar entre uno y cinco pollos.

Las poblaciones de milano real han menguado mucho en gran parte de Europa.

Tarabilla común
(Saxicola torquita)

La tarabilla común apenas mide trece centímetros pero compensa su diminuto tamaño con una librea bien llamativa. Los machos, como suele ocurrir en el mundo de las aves, visten unas galas nupciales que llaman la atención ya que su colorido es muy contrastado: la cabeza, las alas y la espalda son de color negro absoluto, sin matices, pero roto por el blanco de la mejilla, el cuello y una franja alar; el pecho, por el contrario, es de tonos encendidos muy intensos, como las naranjas conocidas como «sangre de toro», finalmente, el vientre es de color blanco sucio. Las hembras son una versión muy apagada del plumaje de los machos.

Las tarabillas comunes frecuentan toda la sierra pero resultan más abundantes en las praderas y las dehesas de robles, en zonas con mucha hierba y en ambientes abiertos de tomillares con matorrales dispersos.

Llegan en primavera y los machos enseguida se dejan ver encaramados a las vallas, a las varas secas de cualquier planta y a todo lugar desde donde puedan reivindicar el territorio con su color y su canto. De vez en cuando se dejan caer, hacen un vuelo directo y rápido para capturar algún insecto y vuelven a su atalaya. Se trata de pájaros insectívoros que cazan al acecho.

Mientras los machos hacen alarde de su colorido, las hembras se ocultan y construyen un nido escondido entre la vegetación, en el suelo. Ponen entre dos y siete huevos. Hacen un par de nidadas cada temporada.

Calandria
(Melanocorypha calandra)

A medida que nos alejamos de los pueblos serranos, en muchos casos, se abren campos de pastos o cultivos. Son ambientes muy despejados, con pocos árboles, donde los caminos y las cunetas muestran una vegetación particular. Estos ambientes casi esteparios son el hogar de las calandrias y otros cuantos pájaros de colores discretos pero poderosos y armónicos cantos.

La calandria es el representante más corpulento y fornido de la familia de las alondras que habitan en la región. Como todos los aláudidos su plumaje es de tonos terrosos, que les resultan muy útiles para pasar desapercibidos entre la vegetación rala de las estepas y los cultivos.

Sin embargo, a pesar del aspecto general similar al resto de alondras, muestra algunas características que permiten diferenciarla con facilidad: lo más llamativo son dos notables manchas negras alargadas a ambos lados del cuello. Su pico grueso y la cabeza grande también sirven para distinguirla. Su canto es parecido al de la alondra común pero resulta algo más áspero y potente.

La dieta de las alondras se basa en semillas, brotes, hierbas y otros materiales vegetales pero durante la reproducción, ingieren gran cantidad de insectos. El nido lo construyen en el suelo, oculto entre la vegetación. En su confección utilizan pequeñas hierbas y briznas y en él depositan entre tres y seis huevos. Pueden hacer un par de nidadas consecutivas.

Alondra
(Alauda arvensis)

La alondra común es un pájaro relativamente abundante en las estepas, prados y cultivos serranos. Mide 19 centímetros, como la calandria, pero su aspecto es más liviano y grácil. Su plumaje es anodino, de tonos pardos y cremosos y, como ocurre con el resto de los aláudidos, su misión es llevar un permanente traje de camuflaje en un entorno donde resulta imposible ocultarse entre las ramas de los árboles o los matorrales. Cuando las alondras descubren algún peligro, como una rapaz en vuelo, les basta con pegarse al suelo y permanecer quietas mientras observan como se aleja.

Las alondras poseen un pico fino, alargado y fuerte, como rasgos distintivos muestran una pequeña cresta que levantan permanentemente, el pecho surcado por finas estrías pardas y las mejillas son de tonos levemente leonados. En época de celo su canto es la mejor manera de descubrirlas: se elevan mientras cantan a pleno pulmón y luego se ciernen para dejarse caer a toda velocidad.

En la sierra pueden estar presentes en todo tipo de terreno despejado, desde la rampa a las llanuras y herbazales próximos a las cumbres.

Su alimentación es muy variada pero en verano y primavera capturan una gran cantidad de insectos mientras que el resto del año ingieren más semillas y materiales de origen vegetal.

Construyen el nido en el suelo y lo mimetizan con el entorno. Pueden llegar a hacer cuatro puestas anuales. Cada puesta puede tener entre tres y siete huevos.

Cogujada
(Galerida cristata)

La cogujada es un poco más pequeña
que la alondra común y tiene un aspecto un poco más rechoncho. Sin embargo lo más distintivo de su aspecto es la pequeña cresta o moñete que también es la razón de su apellido científico *cristata*. Su plumaje es parduzco, moteado, con el pecho surcado por finas listas oscuras y los flancos levemente cremosos.

Es un pájaro típico de áreas abiertas que podemos descubrir en muchos lugares de la sierra, desde las campiñas adehesadas hasta los caminos rurales o los tomillares, aunque parece que tiene un tendencia a ocupar los terrenos humanizados, por eso no es extraño verla corretear por los aledaños de los pueblos.

Busca su alimento en el suelo y recolecta todo tipo de semillas, brotes y hojas pequeñas pero también caza con eficacia cualquier insecto que habite en los descampados, en especial durante la primavera y el verano.

Construye su nido sobre el suelo, utilizando como base algún pequeño hueco del terreno y buscando el cobijo de alguna planta que ayude a ocultarlo. Suelen hacer dos o tres nidadas entre la primavera y el verano. Cada vez la hembra deposita entre tres y siete huevos. Los pollos, alimentados con gran cantidad de insectos, crecen rápidamente para abandonar lo antes posible su vulnerable hogar.

Milano negro
(Milvus migrans)

El milano negro es una de las aves rapaces más abundantes de la sierra de Guadarrama, donde frecuenta los distintos parajes que se distribuyen por las faldas de ambas vertientes. Prefieren los sotos, las dehesas, los bosques de ribera y los prados y áreas de cultivo.

Los milanos negros solo se pueden confundir con los milanos reales pero no es complicado diferenciarlos: en vuelo debemos fijarnos en la cola, mucho menos escotada en los negros. El color de ambas especies también sirve para distinguirlos: el milano negro es más oscuro en términos generales con tonos acastañados y leonados surcados por finas plumas oscuras y su cabeza es grisácea. Los milanos reales muestran colores más claros, vivos y llamativos.

Su abundancia es una manifestación de su capacidad de adaptarse a los distintos ambientes y a las diversas fuentes de alimento que ofrece la sierra. Se trata de una rapaz oportunista capaz de ingerir alimentos muy diversos. Con frecuencia prospecta las pequeñas carreteras en busca de animalillos atropellados. También frecuenta los muladares y los basureros. Aunque no es un gran cazador, en su dieta incluye pequeños animales como topillos, ratones, insectos o reptiles. Durante la primavera también depreda sobre los pollos volantones de otras aves.

Cría en colonias laxas que se ubican en choperas, sotos y dehesas. El nido, además de ramas suele almacenar basuras variadas. Cada año suele criar entre dos y cinco pollos a los que alimentan entre los dos progenitores.

Perdiz común
(Alectoris rufa)

La perdiz común es una de las aves más populares del medio rural español, incluida la sierra de Guadarrama. Se trata de un trofeo clásico de la caza menor y, desde hace años, los cazadores hablan de su paulatina disminución. Sin duda, la presión cinegética ha hecho mella en sus poblaciones.

La perdiz común es capaz de vivir en ambientes muy diversos pero siempre ha de contar con zonas abiertas y despejadas, aunque luego se refugie entre los matorrales. Siente una clara preferencia por las llanuras con matorrales dispersos y los campos de cultivo de cereales. En la sierra pueden ocupar parajes muy distintos pero se vuelve más escasas a partir de los 1500 metros de altura.

Machos y hembras tienen el mismo aspecto. Su plumaje es llamativo y forma un bello puzle de colores y diseños que hacen de la perdiz común un pájaro muy atractivo: el pico y las patas son de color rojo anaranjado; los ojos se enmarcan en sendos círculos de piel del mismo color coralino. Una máscara negra parte del pico, atraviesa los ojos y rodea la garganta para formar un babero zaino que parece desbordarse hacia el vientre. La garganta y la mejilla son de color blanco inmaculado igual que una amplia ceja que enmarca el antifaz negro. El cuerpo es de color castaña y los flancos muestran un alegre barreado de negros, rojizos y blancos.

Suelen formar bandos más o menos numerosos que rebuscan semillas, brotes e insectos entre la vegetación o escarbando en el suelo. Hacen un par de nidadas al año con un número variable de huevos que puede oscilar entre los ocho y los dieciséis.

Alcaudón real
(Lanius excubitor)

El alcaudón real es un pájaro emparentado con los gorriones y otros paseriformes pero con hábitos y adaptaciones propias de una pequeña rapaz. Su pico es muy poderoso y tiene una uña carnicera al final que le ayuda a descuartizar a sus presas. Se trata del mayor de los alcaudones que habitan en la sierra, con una talla de unos 25 centímetros. Su aspecto no ofrece dudas a la hora de reconocerle ya que tiene un plumaje sobrio y elegante compuesto por un antifaz negro que se prolonga en el pico, del mismo color. La cabeza y la espalda son de color gris perla, las alas y la cola negras y el pecho, los flancos y el vientre de tonos blanquecinos asalmonados. La cola es bastante larga.

Con estas señas es difícil de confundir, además, también tiene costumbres que le hacen muy reconocible, como posarse en lo alto de zarzas, arbustos, espinos o vallas; cambia de posadero con frecuencia pero siempre se posa en perchas bien visibles.

Es un pájaro sedentario que busca terrenos abiertos y despejados salpicados de arbustos o árboles. Se trata de un pequeño depredador que captura grandes insectos, lagartijas, pequeños mamíferos e incluso otros pájaros de menor tamaño. A pesar de su carácter agresivo y su pico fuerte y ganchudo sus garras son débiles lo que dificulta el manejo de sus presas. Para despedazarlas las ensarta en los pinchos endrinos y otros matorrales, donde almacena a sus presas formando una macabra despensa.

Construye su nido en el interior de arbustos o zarzas y deposita entre cinco y siete huevos. Puede hacer hasta tres nidadas al año.

Críalo
(*Clamator glandarius*)

El críalo es un cuco, de hecho también es conocido como cuco real. Se caracteriza por no construir nido y depositar sus huevos en los nidos de otras aves. El críalo tiene por costumbre parasitar las nidadas de todo tipo de cuervos, en especial urracas y cornejas. En la sierra puede ser puntualmente común en algunas zonas bajas donde estas especies de córvidos resultan más abundantes como las dehesas, las campiñas y los sotos.

Su aspecto recuerda a las urracas por la forma del cuerpo y la larga cola. Sin embargo, se diferencia por que no se colorea de negro sino que sus tonos son grises azulados moteados de blanco y, en vez de blanco, en el pecho y el vientre muestra colores cremosos. También se distingue por una pequeña cresta que adorna lo alto de su cabeza. Sus gritos carraspeantes y desagradables pueden ser un buen indicativo de su presencia.

El críalo es una especie migradora que llega a la sierra en primavera y regresa a África a principios de verano. Sobre todo parasitan nidos de urraca. Los críalos pueden llegar a poner hasta 25 huevos en distintos nidos cada temporada. Algunos nidos pueden tener hasta cuatro huevos de críalo. El rápido crecimiento de los pollos y su agresiva competencia por la comida hacen que muchas veces mueran todas las crías de las urracas y solo salgan a delante los pequeños cucos reales.

Los críalos se nutren principalmente de orugas que capturan en el suelo.

Chotacabras pardo
(Caprimulgus ruficollis)

Los chotacabras son animales poco corrientes, aves de hábitos nocturnos que todavía son poco conocidas. En la sierra habitan dos especies: el chotacabras gris y el chotacabras pardo. Ninguno de los dos es muy abundante y se reparten por el territorio según sus gustos por zonas más o menos cálidas. El chotacabras pardo es el más amante de los territorios calurosos por lo que prefiere los encinares, las dehesas, los tomillares o los jarales. Se puede decir que es un ave muy mediterránea.

Como sus hábitos son nocturnos pasa el día dormitando. Busca un lugar tranquilo y permanece quieto en el suelo perfectamente camuflado por su plumaje críptico. Es de tonos pardos con un entramado de manchas oscuras y claras que le confunden con la hojarasca del suelo. En la garganta tiene un collar blanquecino que se convierte en el rasgo más llamativo de su vestimenta.

Al anochecer emprende un vigoroso y silencioso vuelo, muy acrobático, que le permite capturar grandes cantidades de insectos con su enorme boca. En torno al pico tiene unas grandes vibrisas táctiles que le ayudan en la caza nocturna. Su capacidad de vuelo es tal que beben sin posarse incluso en las noches más oscuras, rasgando la superficie del agua con el pico en pleno vuelo.

Ante la dificultad de observar a los chotacabras pardos, lo mejor es prestar oído a su canto reiterativo, una especie de «paca-paca-paca» que emite durante el crepúsculo, su hora de máxima actividad.

No construye nido, se conforma con buscar una pequeña hondonada y poner allí un par de huevos de colores de camuflaje.

Verderón común
(Carduleis chloris)

El verderón común es un fringílido macizo y grande de colores oliváceos con distintos matices cromáticos: verde limón, verde menta y verde oliva, especialmente en la espalda y la cabeza. El obispillo y las alas ostentan los colores más llamativos. Tiene el tamaño y forma de un gorrión pero es mucho más huidizo y discreto.

Con frecuencia merodea por entornos urbanos, por parques, alamedas, huertos y jardines pero resulta más fácil escuchar su melodioso trino que gozar de su elegante porte.

En invierno se junta con otras aves formando grandes bandos que recorren las faldas abiertas de la sierra. Es fácil observarle rodeado de jilgueros, pinzones o pardillos.

Al llegar la primavera forman parejas que permanecerán unidas durante la época de cría. Llegan a hacer dos o tres nidadas al año. Las parejas pueden construir sus nidos muy cerca unos de otros. El nido lo instalan discretamente entre el follaje de arbustos o árboles y suelen poner entre cuatro y seis huevos cada vez. Los pollos son alimentados con una pasta vegetal que forman los padres en el buche a base de las semillas y brotes recolectados por las cercanías.

Su dieta es muy vegetariana. Ingieren gran cantidad de semillas, brotes, hojas, etc., y en primavera y verano también capturan multitud de insectos que ayudan a crecer a sus pollos gracias al aporte extra de proteínas.

Curruca rabilarga
(Sylvia undata)

Las currucas, por lo general, son pájaros pequeños y huidizos que se hacen notar por su canto. La curruca rabilarga es una de las más menudas y tímidas.

Se trata de un pajarillo estilizado de colores abigarrados y oscuros; la cabeza, la espalda y la cola son de pizarra, la garganta, el pecho y los flancos son de color rojo vino oscuro y el vientre es de color blanco. Unas pequeñas motas blanquecinas adornan la garganta.

La curruca rabilarga es un ave muy mediterránea que merodea por ecosistemas intrincados donde ocultarse, buscar comida e instalar su nido. Con frecuencia se instala en los extensos jarales de las faldas de la sierra, lugares que resultan inhóspitos para muchos otros pájaros. Se puede decir que se ha especializado en vivir allí donde nadie quiere ir: un laberinto peguntoso, homogéneo y amplio de ramas y hojas. Además de jarales, habita en brezales o piornales. En la sierra puede llegar a instalarse a dos mil metros de altura.

Una gran parte de su tiempo lo pasa prospectando la vegetación en busca de todo tipo de invertebrados; arañas, escarabajos, moscas, mariposas y cualquier otro pequeño insecto.

Entre la primavera y el verano las currucas rabilargas hacen entre dos y tres puestas. Construyen los nidos en lo más profundo de los matorrales, a base de fibras vegetales que luego tapiza con plumas y otros materiales suaves. Suelen poner entre cuatro y seis huevos.

Durante el invierno huyen de las cotas más altas de la sierra y bajan a ambientes más calurosos y acogedores.

Curruca cabecinegra
(Sylvia melanocephala)

En general, todas las currucas buscan ambientes arbustivos densos de tipo mediterráneo: sotos, matorrales, setos, jarales, etc. En el caso de la curruca cabecinegra incluye jardines y zonas próximas a los ambientes humanizados. Se trata de una especie sedentaria que permanece en la sierra todo el año, aunque en invierno busca áreas más cálidas y soleadas. Es una especie circunmediterránea.

La curruca cabecinegra apenas mide 14 centímetros. Machos y hembras muestran el mismo diseño cromático. Su rasgo más distintivo es el color negro intenso de la cabeza donde llaman la atención los ojos rubí enmarcados por un fino anillo rojo, la garganta es blanca y el resto del cuerpo gris ceniza con distintos tonos.

Es un animal básicamente insectívoro que caza todo tipo de moscas, escarabajos, polillas, arañas y demás bicherío pero que también ingiere frutos durante el otoño y el invierno, cuando el mal tiempo hace disminuir las poblaciones de invertebrados.

Es un pájaro tempranero a la hora de nidificar ya que puede comenzar el celo en marzo y terminarlo en julio. Suele hacer dos o tres puestas anuales en pequeños nidos construidos con hierbas, ramillas y raíces donde deposita tres o cuatro huevos verdosos. El nido lo ubica en lo más recóndito de la maleza.

Abejaruco común
(Merops apiaster)

El abejaruco es el ave más colorida de la sierra. Se trata de una excepción tropical ya que el resto de sus bellos parientes habitan en las regiones más cálidas y húmedas de África, Australia y Madagascar.

Si hay algo que llama la atención de este pájaro son sus brillantes y variados colores: verde esmeralda, amarillo limón, ámbar intenso, negro oscuro, castaño, naranja... su librea se antoja inverosímil. Incluso el iris de los ojos es de color rojo.

Los abejarucos llegan a las faldas de la sierra durante la primavera desde sus refugios subsaharianos. Se hacen notar por sus continuas voces, que suelen emitir en coro las parejas y las pequeñas colonias. Es un monocorde «priuup-priuup» perfectamente reconocible.

Estas aves coloridas se asientan en terrenos despejados con arbolado disperso, en los cortados y terrazas de los ríos, en los taludes de carreteras y ferrocarriles o en los campos de cultivo casi siempre por debajo de los 1500 metros de altura.

Si su colorido es llamativo su dieta también llama la atención: se compone en gran medida de abejas y avispas que cazan al vuelo ya que son unos acróbatas consumados que gozan de una portentosa vista. Entre sus víctimas también se cuentan mariposas, escarabajos e incluso las veloces libélulas.

Son aves sociables que en la sierra forman pequeñas colonias. El nido del abejaruco también es muy curioso ya que excava largos túneles en el suelo, en los terrenos arenosos y hace una cámara amplia al final donde deposita entre cuatro y seis huevos.

Alcaudón común
(Lanius senator)

El alcaudón común es un pájaro del tamaño de un gran gorrión, casi llega a los veinte centímetros de longitud. Su aspecto es claramente reconocible ya que sus colores son muy contrastados, con un diseño cromático único: de lejos lo que más llama la atención es el pecho y el vientre ambos de color blanco níveo. El alcaudón parece una bola blanca posada sobre una rama alta de un arbusto o una zarza. Más de cerca descubrimos un aguerrido cazador con un antifaz negro con un capirote de refulgente color castaño que se extiende levemente por la espalda. Las alas son negras con una conspicua raya blanca. Las hembras son del mismo color de los machos pero con tonos más desvaídos.

Los alcaudones comunes viven la mitad del año en una ancha franja bajo el desierto del Sahara. En primavera ascienden por el desierto para establecerse en toda la cuenca del mar Mediterráneo. En esa estación conquistan toda la península ibérica y se asientan en ambas faldas de la sierra de Guadarrama. Los ambientes que más les gustan son los prados despejados con árboles y arbustos espinosos, las dehesas, los campos de cultivo con setos y zarzas y los márgenes de los bosques.

Cazan gran cantidad de insectos de buen tamaño como abejorros, grillos topo, mantis religiosas o escarabajos voladores y ocasionalmente pequeños vertebrados como lagartijas, ratones, musarañas e incluso pequeños pájaros.

Construyen el nido en el interior de una zarza o un arbusto denso. Se trata de una taza compacta y sólida trabada con ramitas y decorada con musgos que en su interior es mullida y suave. Suelen poner entre cinco y seis huevos y pueden hacer un par de nidadas cada primavera.

Cernícalo común
(Falco tinnunculus)

El pequeño cernícalo común es otra rapaz bien adaptada a los cambios producidos por el hombre en las faldas de la sierra. En realidad, la transformación lenta pero inexorable que se ha producido durante siglos, en la que han desaparecido grandes manchas de bosque, ha beneficiado al cernícalo ya que se encuentra muy cómodo en ambientes donde se mezclan zonas arboladas y ambientes despejados como praderas, zonas de pastos o amplios cultivos. Además, su alto grado de tolerancia al ser humano le permite instalarse sin problemas en las inmediaciones de sus pueblos o sus explotaciones agrarias.

Su tamaño oscila entre los 30 y los 37 centímetros de longitud de los que la cola suma una buena cantidad ya que es larga y estrecha. Su colorido, en especial el del macho, es llamativo y elegante: la espalda y los hombros son de color ocre teja con un fino moteado negro; la cabeza es de tonos azul petróleo suave con una bigotera que se difumina bajo el ojo; el pecho y el vientre son de tonos cremosos con un fino jaspeado oscuro y la piel de pico, patas y ojos es de color amarillo brillante.

El cernícalo común es un soberbio cazador que acecha a sus presas de dos maneras bien distintas: puede permanecer horas posado esperando paciente, al acecho, o bien puede volar y mantenerse en el aire como un helicóptero, cerniéndose, para dejarse caer como una flecha sobre un ratón, una musaraña, una lagartija o un saltamontes. Su dieta, como vemos, se compone de una gran diversidad de pequeños animales.

Los cernícalos anidan en lugares muy variados, desde los huecos de las ruinas o los cortados hasta los viejos nidos de urracas o cornejas. Cada año ponen de media entre tres y seis huevos.

Avefría
(Vanellus vanellus)

Las avefrías son aves invernantes que aterrizan en las faldas de la sierra cuando se adivinan las primeras borrascas y los termómetros bajan bruscamente hasta aproximarse a los cero grados. Es entonces cuando se distingue su vuelo mariposeante. Con discreción visitan los prados abiertos, los campos de cultivo y las dehesas. Su llegada, sin duda, anuncia el invierno.

En la península ibérica sus poblaciones nidificantes son escasas pero el invierno nos trae miles de estas elegantes aves del tamaño de una paloma que llegan a medir hasta treinta centímetros.

Las avefrías suelen ocupar ecosistemas húmedos como marismas y aguazales pero en la sierra, durante el invierno, buscan los espacios despejados donde se reúnen formando bandos numerosos que se mueven en busca de comida.

Corretean por los prados con sus patas largas y capturan invertebrados que descubren entre el lodo y las boñigas de las vacas. En las zonas más frecuentadas por las avefrías el suelo muestra las escarbaduras y picotazos que efectúan cuando buscan lombrices, escarabajos y larvas. Solo observando cómo cazan podemos darnos cuenta de la cantidad de vida que late en los prados invernales de la sierra.

Su estampa es inconfundible ya que el vientre es blanco nieve y la cabeza, el cuello y la espalda son negros con irisaciones verdes y rosadas. Además, la cabeza muestra un largo moñete que sobresale ampliamente tras la nuca y contrasta con las mejillas blancas y redondeadas.

Chorlitejo dorado
(Pluvialis aprocaria)

Los chorlitejos dorados no son fáciles de ver porque nunca son demasiado numerosos. Llegan con los bandos de avefrías y permanecen con ellas durante todo el invierno. Se trata de un gran viajero que pasa gran parte de su ciclo vital en la tundra ártica ya que es allí donde transcurre su periodo de celo y crianza. Hacen sus nidos entre los matorrales y las altas hierbas de las llanuras árticas. Una vez acabado el verano, con los pollos ya crecidos, el invierno les empuja al sur.

Con frecuencia se unen a las avefrías en sus correrías invernales y viajan hasta nuestra sierra en busca de comida y un ambiente más cálido. Su tamaño es parecido al de las avefrías pero su plumaje es muy distinto ya que muestran un aspecto jaspeado con plumas de tonos dorados, cremosos y amarillentos con el vientre blanquecino. Durante el celo, la cara, el cuello y el vientre se tiñen de un contrastado color negro.

Las faldas de la sierra, en especial las llanuras, los descampados y las dehesas despejadas albergan pequeños grupos de chorlitos dorados en la estación fría. En otras zonas de la península del suroeste y la costa atlántica pueden resultar muy numerosos.

Los chorlitos dorados capturan una amplia variedad de invertebrados como lombrices y coleópteros pero parece que también ingieren semillas, bayas y otras materias vegetales.

Mirlo acuático
(Cinclus cinclus)

El mirlo acuático es de tamaño medio entre los paseriformes, la familia del gorrión, ya que mide cerca de 20 centímetros. Sin embargo, su aspecto es rechoncho, con un cuerpo fuerte y redondeado. La cabeza también es grande. Su plumaje es muy contrastado ya que combina el blanco de su gran babero, que ocupa la garganta y el pecho, con el achocolatado color de la cabeza, el cuello y el vientre que se ennegrece en las alas y la espalda.

La vida del mirlo acuático está ligada indefectiblemente a los cursos de agua limpia y cristalina que resbala y salta por los arroyos serranos. Es un experto buceador que encuentra su comida rebuscando en el fondo arenoso y pedregoso de esos cauces, donde busca larvas de insectos como libélulas, efímeras o distintos dípteros.

El vuelo del mirlo acuático es potente y muy rápido y, normalmente, sigue el curso de los ríos y arroyos. Mientras vuela a toda velocidad emite un sonoro pitido parecido a un silvante y agudo «chuiiik…»

Suelen hacer un par de nidadas cada año durante la primavera. El nido lo construyen siempre cerca del agua. Aprovechan las rocas o las raíces de los árboles para construir un bonito nido en forma de pelota de musgo. La puesta varía entre cuatro y seis huevos.

Lavandera blanca
(Motacilla alba)

La lavandera blanca es un pájaro muy reconocible. Mide cerca de dieciocho centímetros de los que una buena parte corresponden a la cola. Los colores son discretos pero elegantes ya que combina el negro, el gris y el blanco. El negro predomina en el píleo, que es la parte posterior de la cabeza y en un marcado babero que rodea la garganta y se junta levemente en el cuello con el negro del cogote. El gris predomina en la espalda y las alas. El blanco se distribuye por la frente, la mejilla y el vientre. Un rasgo muy llamativo de este pájaro es su continuo balanceo de la cola y las rápidas carreras que combina con pasos lentos y espaciosos. Con frecuencia emite un canto agudo, corto y seco parecido a un «chi-chit», especialmente cuando vuela.

A las lavanderas blancas les gusta establecer su hogar cerca del ser humano, tanto en los pueblos como en los prados para el ganado, los huertos, los campos de cultivo o los parques. La cercanía del agua también es importante y, con frecuencia, se la ve por las orillas y las riberas de los arroyos. En el Guadarrama es frecuente hasta alturas próximas a los 1200 metros.

Estos nerviosos pájaros se alimentan de invertebrados que cazan activamente en el suelo o en las aguas someras de charcos y ríos, correteando por las orillas o los prados cercanos. Capturan una gran cantidad de insectos, en especial moscas y mosquitos.

Su etapa reproductora comienza en abril y se prolonga hasta el principio del verano. Pueden hacer hasta tres puestas consecutivas. El nido lo construyen a base de hierbas, briznas y pequeñas ramas y lo ocultan bajo una roca, entre raíces o en los huecos de los muros. Suelen poner entre cuatro y seis huevos.

Lavandera cascadeña
(Motacilla cinerea)

Las lavanderas cascadeñas asocian su nombre a las cascadas de los arroyos y ríos ya que son muy comunes en los ambientes ribereños de montaña, siempre cerca del agua y de prados húmedos. Su silueta es idéntica a otras lavanderas con la cola larga y un cuerpo estilizado que les da un porte elegante y ágil. Su colorido es ciertamente llamativo ya que el pecho y el obispillo son de tonos amarillos sucios que contrastan con el babero negro, una fina bigotera blanca y una ceja del mismo color. La cabeza, la espalda y las alas son de claros tonos grisáceos verdosos. Mide unos diecinueve centímetros.

En la sierra se asocia a los arroyos, los ríos y las praderas cercanas a estos ecosistemas húmedos. Se trata de un pájaro muy activo que corretea de un lado para otro mientras menea la cola de arriba a abajo. Puede llegar a vivir en cotas próximas a los 2000 metros de altitud. Prefiere las comarcas más umbrías y húmedas. En invierno se desplaza a zonas más bajas, siempre cerca de ecosistemas húmedos y, al atardecer, se concentra en dormideros en los que se pueden reunir decenas de individuos.

Su dieta es prácticamente insectívora y se basa en gran medida en la captura de una gran diversidad de mosquitos, moscas, efímeras y otros invertebrados que caza activamente recorriendo las riberas y las aguas someras y frías de los arroyos.

Las cascadeñas hacen dos o tres nidadas consecutivas. Construyen el nido próximo al agua, aprovechando taludes, puentes o raíces de grandes árboles. Tiene forma de copa y en su interior ponen entre cuatro y seis huevos.

Autillo
(Otus scops)

El autillo es un búho diminuto y muy discreto que con frecuencia habita en los parques urbanos, en las alamedas de los pueblos, las fresnedas o las choperas. Se trata de una especie viajera que llega de África en primavera para criar aquí y regresar a sus cuarteles africanos al entrar el otoño. Es fácil saber cuándo han regresado por que al atardecer emiten un llamativo silbido «chuit-chuit-chuit» cada pocos segundos.

Aunque aniden cerca de las casas del pueblo, en los árboles de las plazas o los jardines, los autillos son muy difíciles de localizar porque se visten con un primoroso traje de camuflaje que les hace invisibles cuando están posados sobre una rama o cerca del tronco. El tono de su traje puede ser muy variable y va del marrón al gris. Como los grandes búhos reales muestran dos «orejas» plumosas que pueden subir o bajar dependiendo de su estado de ánimo.

Los autillos, a pesar de su reducido tamaño y de su delicada estructura, son auténticas rapaces que cazan con la máxima eficacia y fiereza. Sus presas, eso sí, corresponden a su escala por lo que se trata de grandes polillas, escarabajos, grillos y alguna musaraña.

Para anidar busca los huecos de los árboles y pone directamente sobre el suelo de la cavidad entre tres y seis huevos. Durante la época de cría multiplica su eficacia depredadora eliminando así infinidad de insectos del entorno urbano.

Petirrojo
(Erithacus rubecula)

El petirrojo es frecuente en cuentos infantiles, en dibujos, tazas o en las chapas que adornan las puertas de las neveras. Es una de las aves silvestres más populares quizá por su gran tolerancia hacia los humanos. Su figura rechoncha y desinhibida resulta habitual en los jardines, en los parques y en las afueras de los pueblos serranos. Le gustan los territorios con abundante vegetación donde ocultarse, pero con praderas y zonas despejadas para cazar.

Tanto machos como hembras muestran un amplio babero anaranjado que se extiende por la cara, el cuello y el pecho. La espalda y las alas son de color castaño y el vientre es blanco. Cuando son pollos sus colores son apagados, con el pecho salpicado de plumas amarillentas. Este traje amarillento les libra de las iras de los petirrojos adultos que son muy territoriales.

Los petirrojos se alimentan de insectos que capturan con su fino pico pero aprovechan también los frutos del bosque y semillas variadas.

Durante el verano ascienden a cotas altas del Guadarrama pero en invierno se alejan a zonas más templadas. Cada año hacen una o dos puestas. El nido lo ubican en el suelo, entre las raíces de algún árbol, en el interior de un seto o el hueco de una vieja pared.

Corneja
(Corvus corone)

La corneja es uno de los cuervos más frecuentes y más fáciles de ver de toda la sierra. Es común descubrirlas posadas en los postes que jalonan las pequeñas carreteras, también, merodean cerca de los pueblos, las praderas, los campos ganaderos y los sotos. Es muy normal ver a cuatro o cinco cornejas juntas caminando y picoteando en los prados o los cultivos. Se trata de grupos familiares compuestos por los padres y los hijos del año.

Su aspecto es parecido al de un cuervo pero de tamaño algo menor y con el pico menos fornido. Machos y hembras tienen el mismo aspecto: un acharolado traje negro brillante, algo azulado, con las patas y el pico del mismo color.

Las cornejas son aves muy inteligentes capaces de explorar y explotar multitud de recursos alimenticios. Se trata de animales omnívoros que ingieren semillas, brotes, carroña y pequeños animales como insectos, lagartijas e incluso ratones. En La Granja de San Ildefonso se las puede ver arrojar castañas a la carretera durante el otoño y el invierno para que los coches las aplasten y así poder comerlas con toda comodidad.

En primavera construyen un gran nido entre las ramas de un árbol alto como los pinos o los robles y la hembra deposita entre tres y seis huevos.

Durante el invierno se juntan en grandes dormideros que pueden agrupar a cientos de individuos que forman una sonora algarabía a la caída de la tarde.

Camachuelo
(Pyrrhula phyrrula)

Entre las aves que visitan la sierra de Guadarrama durante el invierno se cuentan los camachuelos. Llegan desde el norte de la península y el resto del continente europeo. Huyen de los fríos que barren las campiñas francesas, inglesas o alemanas y también de las tierras cantábricas.

Es un pájaro de aspecto rechoncho, de tamaño un poco mayor que un gorrión común. Tiene la cabeza grande y un pico grueso y corto muy apropiado para devorar semillas grandes y duras, aunque también captura insectos durante el verano.

Cuando nos visita, solo en los meses invernales, frecuenta los sotos y los campos cercanos a los pueblos, pero es muy tímido y huidizo y resulta difícil contemplarles con tranquilidad.

Los machos son muy llamativos ya que el pecho y el vientre, así como las mejillas, son de color carmesí, que contrasta con la negrura del pico, la cabeza y las alas y el gris ceniza de la espalda. La hembra en vez de tener colores rojos muestra una librea parda mucho más discreta.

Cuando llega la primavera viaja hasta sus territorios de cría y busca lugares tranquilos con vegetación densa para construir su nido. Le gustan los linderos de los bosques, los caminos con setos y arbolado donde poder ocultarse a la menor señal de peligro.

Oropéndola
(Oriolus oriolus)

La oropéndola es uno de los pájaros más llamativos de la sierra. Su plumaje de color amarillo oro adornado
con un pequeño antifaz negro la hace inconfundible. La intensidad de los tonos de sus plumas recuerda a las aves tropicales, de
donde procede su familia. Lo mismo ocurre con su intenso y sonoro
canto, inconfundible. Sin embargo, a pesar de estas notables características, se trata de un ave discreta y huidiza que no resulta fácil de ver
ya que se oculta en lo más denso del follaje de los chopos y otros árboles
serranos y huye en cuanto siente la más pequeña molestia humana.

Los machos siempre se adornan con ese llamativo plumaje mientras que
las hembras pueden mostrar tonos más apagados y verduscos.

Las oropéndolas llegan durante la primavera y regresan a África una vez
acabadas sus tareas reproductoras.

Los macho delimitan sus territorios cantando desde posaderos ocultos en
lo más apartado del dosel arbóreo. Cuando se han emparejado confeccionan
un primoroso nido en una horquilla de un árbol, en la parte más fina de una
rama alta. Se trata de una liviana construcción digna de los mejores arquitectos: sujeta una taza perfectamente esférica mediante un trenzado que ajusta el
nido a la anchura de la horquilla. El nido suele ser blanquecino ya que recolecta grandes cantidades de semillas de chopo que lo hacen mullido y caliente.
Suelen poner entre dos y cinco huevos.

Las oropéndolas son pájaros insectívoros que capturan ingentes cantidades de orugas, langostas, saltamontes y mariposas. En verano completan su
dieta con frutas maduras.

Pito verde
(Picus viridis)

El pito verde o pito real es el pájaro carpintero de mayor tamaño que habita en la sierra de Guadarrama. A pesar de su tamaño, similar a una paloma alargada, es muy tímido y suele ocultarse en cuanto alguien se acerca. No obstante, emite un grito muy característico que permite saber de su presencia; es similar a un relincho agudo y prolongado por lo que en algunas comarcas también se le conoce como «relinchón».

Su plumaje es verdoso claro en el pecho y en el vientre y verde oliva intenso en la espalda y las alas, con la rabadilla y el obispillo de tonos amarillentos. La cabeza de machos y hembras tiene la frente y la nuca de color rojo y una máscara negra en torno al ojo que se prolonga en una bigotera del mismo color. Los machos también colorean de rojo el interior de la bigotera.

Su pico es grande y poderoso: lo utiliza para buscar insectos en el interior de la madera podrida pero su dieta no solo consta de insectos xilófagos, siente una gran predilección por las hormigas rojas a las que ataca en sus propios hormigueros.

Los pitos reales construyen el nido en viejos chopos, fresnos o encinas aunque prefieren los ambientes frescos de los sotos. Su nido se puede diferenciar por el gran diámetro de la entrada.

La puesta anual consta de un número variable de huevos que oscila entre cinco y siete.

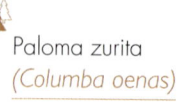

Paloma zurita
(Columba oenas)

La zurita es una paloma grácil y huidiza que frecuenta los sotos, los prados y las dehesas, en resumidas cuentas, le gustan los ambientes variados que combinan arbolado y áreas abiertas y despejadas. La explicación de sus gustos es sencilla: busca cobijo y establece su hogar en los huecos de los árboles y, por otro lado, se alimenta de cantidad de semillas y vegetales que busca en las praderas, los campos de cultivo y los sotos.

Basta fijarse un poco para distinguirla del resto de las palomas que habitan en la sierra y con las que comparte paisajes en bastantes ocasiones. Es más pequeña que la paloma bravía y sus colores son menos contrastados de manera que su estampa se puede describir como de un elegante gris plomo con el obispillo perlado. En el cuello se observan unas manchas de tenue color vino y verde esmeralda.

A la hora de nidificar busca huecos en los árboles pero también se conforma con los agujeros de los edificios en ruinas. Por lo general, pone uno o dos huevos y hace una o dos nidadas cada año.

La eliminación de los viejos árboles que le facilitaban la anidación parece que es uno de los factores que hace que esta elegante paloma resulte cada vez más escasa.

Paloma torcaz
(Columba palumbus)

Las torcaces son las más grandes de todas las palomas serranas. Llegan a medir cerca de 42 centímetros. Son muy comunes pero no hacen vida común con las otras parientes: menudean por los encinares, los sotos y campos de cultivo y, últimamente, han vencido su prevención por los seres humanos y se han vuelto muy frecuente en los ambientes urbanos, en especial en los parques y las arboledas. Parece que los grandes bandos invernales son mucho menos numerosos pero, sin embargo, resultan ser más abundantes. Sea como sea siempre buscan la presencia de arbolado.

La cabeza es de color gris verdoso, el cuello y buche de tonos rosas y el resto de color grisáceo. Lo más distintivo de las torcaces son la franjas blancas del cuello y las plumas verde botella metálico sobre ellas.

En otoño llegan nuevos contingentes que provienen del norte. Cruzan la sierra por distintos puertos que tradicionalmente son ocupados por los cazadores que producen numerosas bajas.

Las torcaces buscan los frutos de temporada de encinas, alcornoques, hayas y también de árboles ornamentales de calles y parques. Son capaces de engullir de un solo bocado las bellotas caídas en las dehesas. Los pollos son alimentados durante varios días con una sustancia muy nutritiva que se produce en el buche de machos y hembras que se conoce como «leche de paloma».

Hacen un par de nidos cada año y ponen uno o dos huevos. El nido es muy sencillo, construido con unas cuantas ramillas que dejan ver los huevos desde abajo.

Pinzón vulgar
(Fringilla coelebs)

Los pinzones vulgares son uno de los pájaros más abundantes de la sierra. Frecuentan las zonas medias y bajas y se acercan a los entornos urbanos, en especial a los parques, jardines y las afueras de los pueblos. Es fácil observar sus livianos saltos en torno a las terrazas de los kioskos buscando restos de pipas, frutos secos y migajas.

Machos y hembras tienen coloraciones distintas. Ellos se engalanan durante la primavera con colores llamativos: azul petróleo en la cabeza y el cuello, granate anaranjado en el pecho y las mejillas, verde oliva en la espalda y negro en la cola y las alas. Las hembras, más discretas y tímidas, tienen un plumaje pardo verdoso con distintos tonos. Ambos sexos muestran una característica franja alar doble de color blanco.

El macho canta encaramado a las ramas de los árboles una de las melodías más bellas y comunes de la primavera. Es su manera de marcar el territorio. La hembra construirá un delicado nido a base de líquenes, briznas y crines que sitúa en la bifurcación de una rama que conseguirá que pase absolutamente desapercibido gracias al camuflaje vegetal del exterior.

Hace dos puestas anuales y en cada una deposita entre cuatro y cinco huevos.

Los pinzones son aves que recolectan gran cantidad de semillas y materia vegetal. En invierno se desplazan a los territorios más bajos y forman bandos con otras aves.

Reyezuelo listado
(Regulus ignicapilus)

El reyezuelo listado es uno de los pajarillos más pequeños de la sierra de Guadarrama. Es rechoncho y regordete de forma que parece una nerviosa bola de plumas. Es de color verde en el dorso y blanquecino en sus partes bajas, el vientre, los flancos y la garganta. Lo más llamativo de su plumaje es el diseño de la cabeza con una ceja muy ancha y blanca, una línea negra sobre ella y otra barra amarillo-anaranjada apoyada en la negra.

Los reyezuelos son de carácter muy nervioso y revolotean ininterrumpidamente por las ramas más externas de árboles y arbustos. Necesitan comer con frecuencia dado su enorme gasto metabólico. Prospectan con minuciosidad hojas y ramitas cazando arañas, insectos y rebuscando huevecillos y larvas. Su trabajo meticuloso libra a los árboles de una ingente cantidad de insectos nocivos.

Los reyezuelos listados prefieren los entornos cálidos por lo que son más frecuentes en los encinares y las dehesas de las zonas bajas de la sierra.

Durante el invierno, debido a la escasez de alimento y la baja temperatura, mueren muchos de ellos. Si la primavera es feraz recuperan la población ya que las hembras pueden depositar hasta once huevos en una sola nidada. Su nido es una preciosa taza de musgos y vegetales consolidados con crines y telarañas que construyen entre las ramillas más distales de los árboles. Pueden hacer un par de nidadas cada año.

Curruca carrasqueña
(Sylvia cantillans)

La curruca carrasqueña apenas mide doce centímetros y resulta tan liviana como otras especies de su familia. Su plumaje recuerda a la curruca rabilarga pero con tonos de colores menos intensos y más contrastados: la cabeza, el dorso y la cola son de color gris pizarra, una bigotera blanca, ancha y larga separa el gris pizarroso de la garganta, el pecho y los flancos que son de rojo anaranjado. Los ojos tienen un anillo ocular rojo intenso. Machos y hembras tienen el mismo diseño cromático pero ellas visten tonos más apagados.

Estas currucas son muy mediterráneas y resultan frecuentes en encinares, jarales o retamares, ambientes típicos de ambas laderas de la sierra de Guadarrama. No desdeñan los sabinares o los sotos siempre que tengan suficiente vegetación arbustiva y pueden ascender para ocupar territorios cerca de los 1900 metros de altura, aunque se encuentran más a gusto en cotas cercanas a lo 1000 metros. Son migrantes transaharianos y pasan con nosotros la época de cría.

Su alimentación básica depende de los insectos ya que devoran grandes cantidades de larvas y adultos de todo tipo, desde saltamontes a moscas, mariposas o escarabajos. En verano y otoño no desdeñan pequeños frutos silvestres de temporada como moras o endrinas.

El nido lo instalan a baja altura pero en lo más profundo y oculto de la vegetación entre las ramas de algún matorral. Es una pequeña taza de vegetación donde la hembra deposita entre tres y cinco huevos. Puede hacer un par de nidos por temporada.

Rabilargo
(Cyanopica cyanus)

El rabilargo es un pequeño cuervo de aspecto muy elegante, nada tiene que ver su silueta ni sus colores con las cornejas, los cuervos o las grajillas. Su perfil es parecido al de la urraca pero de pequeño tamaño ya que apenas pesa setenta gramos. Lo más llamativo del rabilargo es su larga cola y las alas, ambas de color azul celeste. La espalda y los hombros son pardos con tonos grises y el vientre toma colores un poco rosáceos. La cabeza tiene un amplio capirote negro que incluye los ojos. La garganta es blanca. Machos y hembras muestran el mismo plumaje.

Los rabilargos han ido conquistando amplios territorios en los últimos decenios. En la sierra de Guadarrama ocupan ambas laderas pero de forma discontinua. Sobre todo habitan los encinares, los pinares de repoblación y los sabinares siendo más raros en los robledales y casi ausentes en los grandes bosques de pino silvestre.

Es una especie con una distribución mundial muy extraña ya que solo se encuentra en le centro y suroeste de la península ibérica y en el Extremo Oriente desde China a Japón y ambas Coreas. Hoy por hoy no se tiene una idea definitiva sobre este enigma pero es posible que las glaciaciones separaran a ambas poblaciones.

Los rabilargos basan su alimentación en proteínas de origen animal ya que capturan gran cantidad de insectos aunque, cuando la estación lo permite, también ingieren frutos y otros alimentos de origen vegetal.

Se trata de animales sociales que forman amplios clanes ruidosos. Suelen hacer una sola puesta y construyen sus nidos formando colonias laxas. La media de huevos por nido varía entre cinco y siete.

Mosquitero papialbo
(Phylloscopus bonelli)

Estos pájaros son menudos, nerviosos y livianos: su cuerpo mide unos once centímetros y pesan entre siete y nueve gramos. Su colorido es discreto: la parte superior del cuerpo incluida cabeza, espalda, dorso y cola son de color pardo claro, mientras que el vientre, la garganta y la cola son de color blanco. El obispillo es de color claramente verdoso. Una línea más oscura surca sus ojos y sobre ella se distingue una ceja blanquecina. Ambos sexos tienen los mismos colores.

A los mosquiteros papialbos se les puede descubrir en territorios de ambientes secos y abiertos pero arbolados, que se extiendan hasta los dos mil metros de altura. Son pájaros migratorios que pasan el invierno al sur del Sahara. En la estación reproductora es, en gran medida, una especie mediterránea, aunque también se distribuye hacia el norte de Francia y llega hasta Austria como límite oriental.

Se trata de animales insectívoros, como indica su nombre popular, y también su fisonomía, ya que sus picos finos, puntiagudos y cortos funcionan como unas pinzas perfectas para capturar pequeños insectos.

Su periodo de cría transcurre entre mayo y julio. Construyen un nido un tanto complejo en forma de antiguo horno utilizando tallos y hierbas, que ocultan en el suelo, entre la vegetación. Ponen entre cuatro y seis huevos.

Carbonero común
(Parus major)

El carbonero común es uno de los pájaros forestales más común y llamativo de la sierra. Su desenvoltura y desparpajo a la hora de acercarse a los humanos también le hacen muy reconocible. Le podemos encontrar en casi todos los ecosistemas boscosos: encinares, sotos, choperas, parques, pinares diversos y robledales, cualquiera de ellos es apto para que este párido pueda instalarse. Tan solo necesita que haya insectos suficientes y agujeros en los árboles para nidificar.

Es uno de los páridos más grandes con 14 centímetros de longitud. El carbonero es notable por su colorido: la cabeza y la garganta son de un brillante color negro que contrasta con la amplia mejilla blanca; el pecho y el vientre son amarillo limón con una línea negra que los atraviesa desde el pico hasta la altura de las patas. La espalda es verde petróleo y las alas azul oscuro con una banda blanca. Machos y hembras tienen los mismos colores.

El carácter de los carboneros es nervioso y activo: revolotean entre las ramas de los árboles y arbustos, bajan al suelo a registrar las hojas caídas y a escarbar entre la hojarasca, prospectan las ramas y las cortezas de los árboles; nada queda fuera del alcance de sus pequeños y finos picos. Su dieta se basa en la captura de insectos que complementan en verano y otoño con distintos frutos silvestres.

Cada año hacen entre dos y tres nidadas durante la primavera y el principio del verano. Busca huecos en los árboles, nidos abandonados o agujeros en paredones o edificios donde ponen entre ocho y trece huevos.

Águila culebrera
(Circaetus gallicus)

El águila culebrera no es una rapaz muy abundante en la sierra pero puede descubrirse su vuelo en muchas zonas abiertas, en las dehesas y en ambas faldas, tanto la madrileña como la segoviana. Se distingue por la blancura de su silueta y la longitud relativa de sus alas. Su dieta especializada condiciona amplios aspectos de su biología. Su escasa densidad está relacionada con la abundancia de presas. Las culebras y parentela no son tan abundantes como los pájaros o los roedores, por ejemplo, y tampoco son fáciles de cazar. Estos factores implican una tasa de reproducción baja ya que no puede alimentar a muchos aguiluchos, de hecho, solo cría a un pollo por temporada.

El águila culebrera puede llegar a medir setenta centímetros de longitud y 175 de envergadura. El dorso y la cabeza son leonados y la garganta, el pecho, el vientre y el interior de las alas son blancos con leves motas o barras de tonos cremosos o castaños. Sus ojos grandes e inquisitivos son de un intenso color amarillo anaranjado. Sus patas cuentan con dedos cortos y rugosos para sujetar a sus presas, uñas grandes y curvas y escamas duras en los tarsos para evitar las picaduras de las serpientes. Otra adaptación para la caza de serpientes son sus alas anchas y su amplia cola que le permite volar sin esfuerzo durante horas o cernirse a gran altura para examinar el terreno sin despertar sospechas entre sus posibles víctimas.

Para anidar busca árboles bien ubicados en el interior de algún bosque y construye un gran nido. Se trata de una rapaz migradora que pasa el invierno en África. Llega a España al comienzo de la primavera y se va en otoño. El pollo tarda bastante en volar y puede pasar parte del verano aprendiendo a volar cerca del nido.

Herrerillo común
(Cyanistes caeruleus)

El herrerillo común es un pajarillo llamativo y muy común en todos los ambientes forestales de la sierra de Guadarrama. Habita robledales, distintos pinares y también encinares.

Su aspecto es ciertamente llamativo: el pecho y el vientre se tiñen de un amarillo céreo que se corta en medio del pecho por una gruesa línea negra, las cobertoras alares son de color azul zafiro y la espalda de tonos verde oliváceos; la cara parece una máscara blanca enmarcada por sendas líneas azules. Los ojos son surcados por otras rayas oscuras que forman un pequeño antifaz; sobre el píleo aparece una mancha azul claro en forma de boina.

El herrerillo no solo es llamativo por su plumaje, también llama la atención por su descaro a la hora de acercarse al ser humano: es frecuente en parque, jardines o merenderos, donde no duda en robar migas y restos de comida.

Su dieta es básicamente insectívora aunque incluye frutos y bayas de temporada. Pasa gran parte del día revoloteando entre las hojas y las ramas de los árboles y arbustos e incluso examinando la hojarasca del suelo donde recolecta larvas, huevos, arañas y pequeños invertebrados.

Los herrerillos necesitan viejos árboles para anidar ya que construyen su confortable nido en el interior de los agujeros. De la misma forma utilizan paredones, techumbres y cualquier hueco que les ofrezca seguridad y cobijo. Son muy prolíficos, pueden poner hasta doce huevos y hacer dos puestas consecutivas durante la primavera.

Zorzal común
(Turdus philomelos)

El zorzal es un pájaro elegante emparentado con el mirlo. Ambos son
del mismo tamaño pero el zorzal presenta
una coloración bien distinta: los tonos de su plumaje son pardos, marrones,
leonados y dorados. El pecho es blanco pero está festoneado por unos lagri-
mones de color chocolate oscuro que lo recorren de arriba a abajo formando
líneas irregulares. Los flancos se tornan amarillentos a medida que se acercan
a las alas. La cabeza, la espalda y las alas son de color pardo.

El zorzal tiene una estampa rechoncha que se dibuja perfectamente entre
el ramaje desnudo del principio de la primavera, cuando comienzan a cantar
a voz en pecho. Sus melodías son de las más bellas y agradables que pueden
escucharse en la sierra, además los machos cantarines gozan de una considerable potencia de voz que esparce su canto a gran distancia.

Los zorzales suelen buscar su comida en el suelo rebuscando entre la hojarasca y la hierba. No dudan en adentrarse en los zarzales para capturar lombrices y demás invertebrados. Son expertos en encontrar caracoles que rompen
contra las piedras para acceder a su blando cuerpo. Es fácil encontrar esos
«yunques de zorzal» ya que suelen utilizar siempre los mismos y los restos
de caracoles e incluso grandes escarabajos se acumulan poco a poco como si
fuesen auténticos cementerios.

Los zorzales anidan en árboles y arbustos no demasiado alejados del suelo.
Su nido es una taza voluminosa de raíces y ramas que cimentan con barro
formando una taza interior sobre la que depositan entre tres y cinco huevos
azules moteados con infinidad de manchas rojizas. Pueden hacer dos o tres
puestas cada año.

Chotacabras gris
(Caprimulgus europaeus)

El chotacabras gris es un ave de hábitos nocturnos que pasa el día oculta entre la hojarasca del suelo. Por la noche vuela con gran maestría y atrapa al vuelo grandes cantidades de insectos. Para este fin está equipado con una enorme boca rodeada de vibrisas táctiles y unos ojos capaces de ver en condiciones de luz muy limitadas.

El chotacabras gris y el chotacabras pardo no rivalizan por el territorio ni por los recursos alimenticios ya que sus áreas de distribución no coinciden; el pardo busca los lugares más caluroso y mediterráneos de forma que ocupa las partes más bajas y cálidas de la sierra, mientras que el gris se ubica en las zonas elevadas y húmedas.

Los patrones de coloración de ambos son parecidos pero sus matices y los tonos generales son mucho más grisáceos y apagados en el gris, además predominan los colores negros en su fino entramado de camuflaje. Por otro lado, el chotacabras gris es más pequeño y estilizado.

En la sierra suele acomodarse en jarales, robledales y zonas abiertas con matorrales como cambrones o santolinas.

Su alimentación se basa en insectos nocturnos como polillas, dípteros o escarabajos que vuelan durante las noches cálidas de la primavera y el verano que es cuando los chotacabras grises llegan para reproducirse. Estas aves misteriosas no construyen nido. Les basta encontrar una pequeña hondonada junto a alguna planta para depositar un par de huevos de colores terrosos.

Chocha perdiz
(Scolopax rusticola)

La chocha perdiz es una de las aves más peculiares de nuestra sierra, no solo por su aspecto, también por sus costumbres.

Esta especie pertenece a la familia de los limícolas como los ostreros, los correlimos o los chorlitejos pero, al contrario que ellos, no gusta de pasearse por las orillas de los estuarios, las playas o los aguazales, prefiere las espesuras húmedas de los bosques lluviosos donde se refugia entre la maleza y busca alimento hincando el pico entre la hojarasca y el humus de los robledales o los hayedos.

Su presencia en la sierra goza de un halo de misterio ya que resulta muy difícil de ver y nunca resulta demasiado abundante. Los cazadores hablan de ella de vez en cuando pero su vuelo es tan rápido y sorpresivo que resulta difícil abatirlas. Parece que durante el otoño y el invierno un cierto número de chochas se refugian en los rebollares y algunos pinares densos de las laderas más norteñas. Algunas parecen quedarse hasta bien entrada la primavera.

Su aspecto no ofrece posible confusión con ningún otro habitante del Guadarrama: posee un pico desmesurado para su tamaño, ojos grandes y oscuros, las patas son poderosas y relativamente cortas y su plumaje es un precioso compendio de tonos café, pastel, crema, dorado y ocre. Puede medir hasta 38 centímetros de longitud y 65 de envergadura.

Se alimenta de larvas e invertebrados que captura con su sensible pico.

Algunas parejas se reproducen en ambientes apartados, buscan un rincón boscoso y depositan unos cuatro huevos sobre un nido precario construido con hojas secas y vegetación.

Cuco
(*Cuculus canorus*)

Si existe un canto inconfundible es el del cuco: «cu-cú, cu-cú, cu-cú...». Suena al mismo tiempo que llega la primavera y se puede decir que no hay nadie que no lo conozca. El dueño de tan famoso canto también es muy popular. Sin embargo, aunque todos conozcamos su melodía y quién es su emisor, no resulta nada fácil observar con toda claridad a los cucos. Su reclamo es insistente, potente y sonoro pero suelen esconderse con habilidad para no ser detectados. Cuando se ven descubiertos vuelan en seguida a ocultarse entre las ramas de los árboles.

Son expertos cazadores de orugas, aunque no desprecian cualquier insecto jugoso y crujiente que se ponga al alcance del pico.

Los cucos tienen el tamaño de una tórtola pero son más estilizados, con la cola muy larga y las alas puntiagudas. Pueden tener dos tonos básicos en su plumaje, en algunos individuos predomina el gris plomo y en otros el marrón leonado. El vientre y el pecho tienen el fondo claro y están barreados mientras que la garganta y el cuello muestran el mismo color uniforme que el resto del cuerpo.

El cuco es un especie migradora que llega en lo más temprano de la primavera y regresa a África durante el verano. En la sierra de Guadarrama está bien asentado y frecuenta los bosques de robles, los sotos y los bosques de galería. Como todos los cucos pone sus huevos en los nidos de otras aves. Parasita a más de treinta especies de aves insectívoras, desde petirrojos a tarabillas, alcaudones o currucas. Cada temporada pueden llegar a colocar quince huevos en distintos nidos.

Gavilán
(Accipiter nisus)

Es una rapaz pequeña de hábitos muy forestales que se establece a lo largo de toda la sierra, siempre unida a manchas boscosas de robles, pinos, encinas, chopos, etc.; no obstante, aprovecha los claros y los descampados próximos para cazar.

Los gavilanes tienen todos los atributos de los grandes cazadores: fiereza, arrojo y armas muy eficaces como las garras ganchudas y un pico cortante. Además su cola y sus alas están diseñadas para volar con maestría y velocidad entre la espesura de ramas del bosque. Sin embargo, son pequeños en comparación con otras rapaces: los machos apenas miden 27 centímetros de altura y las hembras llegan a los 37 centímetros ya que son notablemente más grandes que los machos. Sin embargo, el plumaje de ambos sigue los mismos patrones: espalda pizarrosa, como la cabeza; un antifaz oscuro entorno a sus ojos vivos y llameantes de color anaranjado; el pecho y el vientre están prolijamente barreados con listas de color oscuro o rojizo. Sus patas son amarillas, finas y estilizadas.

Es una especie que caza sobre todo pequeñas aves como petirrojos o currucas pero que es capaz de adentrarse en los pueblos cercanos en busca de gorriones, tórtolas e incluso vencejos. Su dieta también incluye insectos, pequeños mamíferos como ratones o musarañas e incluso lagartijas y anfibios. Permanece todo el año en su territorio y comienza a reconstruir el nido al principio de la primavera. Hace una puesta al año que puede tener entre tres y siete huevos.

Curruca capirotada
(Sylvia atricapilla)

Como corresponde a la numerosa familia de currucas que habita la sierra, la capirotada es de reducidas dimensiones, alrededor de catorce centímetros. A pesar de ser un pájaro de plumaje discreto, pardo grisáceo, resulta fácil de reconocer ya que muestra un capirote característico de color marrón si es hembra o negro brillante si es macho.

Se trata de una curruca abundante que prefiere el sotobosque intrincado de los rebollares, los zarzales de las dehesas más abandonadas y descuidadas o los densos arbustos que rodean los arroyos y ríos de la sierra. También habita los parques y jardines de pueblos y urbanizaciones.

Resulta más fácil de localizar por su canto ya que suele ocultarse y merodear por el interior de la maleza. Los bosquetes umbríos y densos le facilitan un menú de invertebrados y frutos. Durante la primavera captura insectos, en especial escarabajos, moscas y mosquitos y en verano, otoño e invierno enriquece su dieta con una gran variedad de frutos tanto silvestres como cultivados.

Su canto es muy melodioso. En primavera relaja sus hábitos huidizos y se deja ver con cierta frecuencia subida en ramas altas mientras marca su territorio a voz en pecho.

Las currucas capirotadas construyen un nido muy liviano con pajas, hierbas y ramillas que instalan entre las hiedras o las ramas de algún arbusto. Suelen poner entre tres y cinco huevos y hacen un par de nidadas durante la primavera y el principio del verano.

Agateador común
Certhia brachydactyla

El agateador común es un pajarillo que apenas mide 12 centímetros. Es de formas redondeadas; su cuerpo es como una bolita parda de la que emerge una cola alargada por abajo y una cabecilla también pequeña y redondeada acabada en un pico fino y algo curvo. Las plumas de la cola son duras y rígidas, como las de los pájaros carpinteros, terminadas en punta. Las utiliza para apoyarse en ellas mientras rebusca insectos en los troncos de los árboles.

Su plumaje es críptico: pardo, marrón y blanco, ya que le ayuda a camuflarse sobre las cortezas de los árboles, donde pasa la mayor parte de su vida.

Los agateadores son pájaros forestales. Su estilo de vida es comparable al de los pájaros carpinteros y su anatomía y sus costumbres están diseñadas para vivir en los bosques. La existencia de estas avecillas está ligada a las cortezas de los árboles, a los viejos troncos rugosos por los que trepan sin problemas buscando comida con su finísimo pico en forma de pinza. Normalmente vuelan de árbol en árbol y recorren los troncos en forma ascendente y espiral, de manera que prospectan detalladamente una gran superficie. Suben a saltos rápidos capturando insectos minúsculos y sus huevecillos, depositados entre las ranuras de las cortezas. También recorren las ramas antes de volar a otro árbol.

Su afinidad con los árboles es tal que también anidan en ellos. Buscan huecos apropiados tras las cortezas de robles o pinos y ajustan su nido, relativamente grande para su tamaño, de manera que queda perfectamente protegido y oculto entre el tronco y la corteza. Hacen un par de puestas anuales en las que ponen entre tres y seis huevos.

Mito
(Aegithalos caudatus)

El delicado mito mide cerca de catorce centímetros de los que casi nueve corresponden a su desproporcionada, larga y estrecha cola. Es un pájaro pequeño y muy activo que merodea entre el ramaje de los árboles y del sotobosque sin prestar demasiada atención a nuestra presencia.

Es un habitante de todas las masas forestales de la sierra. No es muy abundante pero está presente en robledales, encinares, pinares o choperas e, incluso, en jardines. Su aspecto es muy característico ya que la cola es muy larga y uno de sus colores es único entre la avifauna serrana: se trata de los tonos rosas que adornan de forma más o menos intensa las espalda, el vientre o parte de la cabeza. Además de ese color rosa suave tiene unas grandes cejas negras –como las alas o la cola– y también blanco y gris en la cabeza, las mejillas y el pecho.

Los mitos suelen formar pequeños bandos que examinan hojas y ramitas en busca de minúsculos insectos y arácnidos.

Los mitos permanecen en la sierra durante todo el año. Aunque bajan a las zonas más cálidas de las laderas en invierno sufren una gran mortalidad.

En primavera son muy tempraneros a la hora de comenzar a construir el nido. Son unos fantásticos arquitectos que edifican uno de los nidos más bellos y complejos a base de briznas y hierbas que trenzan con crines y tapizan y camuflan luego con líquenes. Su interior lo acomodan con plumas para hacerlo mullido y caliente. Ponen entre siete y doce huevos y pueden hacer un par de nidadas.

Picogordo
(Coccothraustes coccothraustes)

El picogordo es un hermoso pájaro algo más grande que un gorrión, con una gran cabeza en la que llama la atención la dimensión y desproporción de su poderoso pico. A pesar de su llamativo plumaje es un ave que pasa desapercibida ya que es de carácter huidizo y temeroso, que suele ocultarse en lo alto del follaje de los árboles más viejos y altos. Además de su enorme pico, muy ancho en la base, destaca el color leonado con tonos dorados de la cabeza. El cuello es blanco y la espalda granate oscuro. El pecho y el vientre son de un cremoso tono pardo. El obispillo muestra el mismo color que la cabeza. Los machos tienen los colores más vivos que las hembras y unas plumas anchas, azuladas y brillantes en las alas.

El picogordo no es fácil de detectar por sus hábitos escurridizos pero, además, no es muy abundante en la península y tampoco en la sierra, aunque puede detectarse en robledales, en jardines, sotos y encinares. Su pico le abre un mundo de posibilidades culinarias que están vedadas al resto de sus parientes fringílidos y a otras muchas aves. Con él es capaz de abrir los huesos de semillas tan duras como los carpes, las cerezas o las aceitunas. Además también selecciona brotes tiernos y otros delicados alimentos vegetales.

Durante la temprana primavera, los picogordos escogen una rama tranquila para construir su nido. En ocasiones pueden establecerse varias parejas muy próximas. Suelen hacer una sola nidada y ponen una media de cinco huevos cada año.

Arrendajo
(Garrulus glandarius)

A simple vista nadie diría que los arrendajos son córvidos, familiares de cornejas, grajillas y cuervos. Su colorido dista mucho del negro uniforme de todos ellos. Sus hábitos también son diferentes ya que prefieren los territorios boscosos. De hecho es un ave puramente forestal. En la sierra está muy bien representada y puede verse en todo tipo de pinares, robledales, encinares, etc.

Muchas veces descubriremos su presencia por el carraspeante y desentonado grito que emite desde lo más profundo de la espesura. Suele ir en parejas o pequeños grupos familiares.

Su tamaño es medio, parecido a una paloma, con una longitud algo superior a los treinta centímetros.

La mayor parte de su plumaje es de color beige con tonos leonados; muestra una notable bigotera negra, los ojos de un vivo color azul y una pequeña cresta moteada de oscuro que levanta de vez en cuando. Las alas son negras y en ellas ostenta las alulas especialmente llamativas, con las plumas franjeadas de listas negras y azules con tonos ópalo, lapislázuli y aguamarina. Estas pequeñas plumas son un auténtico tesoro para cualquier naturalista.

La dieta de los arrendajos es muy variada ya que incluye todo tipo de insectos y pequeños animalillos y también grandes cantidades de frutos del bosque. Tienen la costumbre de recolectar y esconder en el suelo semillas como bellotas o piñones de manera que se convierten, sin querer, en «plantadores de bosques» ya que algunas brotarán después, olvidadas en los lugares donde las ocultaron.

Construyen su nido en la rama de un árbol, ubicado en una horquilla. Hacen una sola puesta al año y pueden poner entre tres y seis huevos

Cárabo
(Strix aluco)

En general, no resulta nada fácil observar rapaces nocturnas con la excepción del mochuelo común. Escucharlas es mucho más fácil, en especial al cárabo. Se trata de la rapaz serrana más frecuente de los bosques que medran en sus faldas. Su grito nocturno es un ulular típico de búho: un rítmico «u-u» seguido de una retahíla silvante y descendente de «ues» que repite cadenciosamente desde las noche más frías del invierno.

Los cárabos, por lo demás, son fáciles de reconocer: carecen de las orejas plumosas de los búhos reales o los búhos chicos, tienen una gran cabeza globosa con anillos oculares que enmarcan unos ojos redondos, vítreos, grandes y oscuros. Su plumaje puede ser de tonos pardos o grises con un patrón críptico que les permite pasar inadvertidos durante el día, mientras dormitan plácidamente sobre una rama de un gran árbol u ocultos en algún hueco del tronco.

Al anochecer, cuando el sol ha desaparecido, saludan a la noche con su estremecedor canto. Los cárabos habitan en todo tipo de bosques en el Guadarrama. Se trata de una rapaz forestal experta en capturar roedores entre la hojarasca del bosque. Cada noche cazan varios ratones, topillos o musarañas y de vez en cuando algún sapo, una lagartija o un pajarillo.

A finales del invierno la hembra busca un hueco en un viejo árbol y deposita entre dos y cinco huevos. No hacen ningún tipo de estructura ni aportan ningún material al nido. Solo hacen una puesta cada año.

Alcaudón dorsirrojo
(Lanius collurio)

Es un alcaudón elegante y estilizado algo menor que el alcaudón común ya que no supera los 18 centímetros de longitud. La ligereza de sus formas y el suave colorido de tonos cremosos recuerdan a las refinadas y sencillas pinturas chinas. En esta especie machos y hembras se diferencian notablemente ya que ellas son pardas y cremosas con un fina ralladura en el pecho y el vientre a semejanza de los pollos volantones. Los machos tienen un antifaz negro que nace del pico y atraviesa el ojo. La cabeza y la nuca son de un suave tono gris, la espalda de color castaño vivo y el pecho y el vientre de tonos rosáceos como los pétalos de las zarzamoras silvestres.

A pesar de esa elegante estampa no deja de ser un feroz cazador que empala a sus víctimas para poder descuartizarlas. Sus platos favoritos son grandes insectos, ratoncillos o lagartijas.

El alcaudón dorsirrojo busca territorios que retengan cierto grado de frescura y humedad aún en lo más duro del verano. Esa necesidad hace que se restrinja su área de distribución a zonas como los sotos, las praderas altas y las cercanías de ríos o arroyos. Es una especie que sobre todo se extiende por el norte de la península pero que en los últimos años ha ganado territorio más al sur, concretamente en la sierra de Guadarrama, donde ha colonizado nuevos territorios en el entorno de los robledales y las praderas más húmedas.

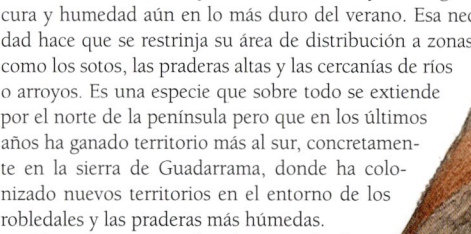

Al igual que otros alcaudones suele ubicarse en posaderos elevados como ramas exteriores de arbustos o zarzas. Esos mismos arbustos son el lugar donde oculta el nido. Hace una o dos nidadas cada año y pone entre cuatro y seis huevos.

Azor
(Accipiter gentilis)

El azor es una rapaz forestal de tamaño medio grande –puede llegar a medir 48 centímetros– que es relativamente abundante en los bosques del Guadarrama. Habita en los grandes pinares de pino silvestre de ambas laderas, en los robledales e incluso en los pinares pequeños y aislados de las parameras. Tiene fama de fiero y de gran cazador: de hecho es capaz de capturar desde liebres a ánades reales, palomas o arrendajos.

Su aspecto es desafiante, con los ojos de color amarillo o naranja enmarcados por una oscura máscara que se prolonga hasta la nuca. Una ceja blanquecina refuerza la imagen de dureza y decisión de su mirada. La espalda y las alas son de colores pardos y pizarrosos. El gaznate, el pecho, el vientre y las calzas plumosas de los muslos están finamente barreadas con el mismo tono que la espalda y las alas. Las alas del azor son cortas y redondeadas y su cola es proporcionalmente larga. Estas formas le permiten volar con agilidad y velocidad entre el ramaje del bosque. Las patas y la cera del pico son amarillos. Las hembras son notablemente más grandes que los machos.

En España los azores son sedentarios y ocupan su territorio durante todo el año. En la sierra de Guadarrama se ha detectado una cierta disminución de esta especie.

Los azores anidan en lo más alto de los árboles. Las hembras depositan entre tres y cinco huevos que incuban mientras los machos se ocupan de su manutención.

Halcón abejero
(Pernis apivorus)

El halcón abejero tiene una de las dietas más extravagantes de las rapaces. Su nombre popular no está puesto al azar ya que su alimentación se basa en la captura de abejas, avispas y abejorros silvestres. El noventa por ciento de su dieta se basa en estos insectos a los que captura en sus propios nidos, muchas veces en el suelo. Parte de su jornada la dedica a seguir a los himenópteros hasta dar con sus colmenas. Es capaz de escarbar para llegar hasta las larvas o la miel. Es uno de los pocos animales que controla las poblaciones de avispas.

Para poder capturar su alimento dispone de algunas especializaciones, como un plumaje muy denso o unas escamas muy duras en las patas; ambas adaptaciones evitan las dolorosas picaduras de los insectos. Por lo demás, es muy reconocible: la cabeza es grisácea con el pico relativamente corto y negro; los ojos de color amarillo limón son muy llamativos. El pecho y el vientre suelen estar claramente barreados de oscuro, como las plumas de las calzas que cubren las patas. La espalda y las alas son pardas y el interior de ellas, cuando vuela, se distingue por su blancura. Por otro lado, es de destacar la diversidad de plumaje y patrones de color que presenta esta especie.

El halcón abejero llega en primavera desde África y regresa al acabar el verano. Se establece en territorios forestales, desde pinares a robledales, aunque prefiere los bosques de hoja caduca. Prepara un nido un tanto deslavazado donde pone entre uno y tres huevos.

Trepador azul
(Sitta europaea)

El trepador azul es un verdadero equilibrista, un atleta del bosque de aspecto rechoncho, que apenas pesa 25 gramos y mide unos 14 centímetros. Dos cosas definen a este pájaro y le hacen perfectamente reconocible: una es, efectivamente, su alucinante capacidad de trepar por los troncos de los árboles tanto cabeza arriba como cabeza abajo. Parece que para el trepador no existe la gravedad. Esa facultad le permite prospectar cada centímetro cuadrado de árbol en busca de insectos, larvas o huevos de invertebrados. No existe ningún otro pájaro serrano que tenga tal habilidad. Sus grandes y fuertes garras y la extraordinaria musculatura de las patas son las razones que le permiten hacer semejantes acrobacias. La segunda razón es su plumaje inconfundible, las partes superiores del cuerpo: cabeza, espalda y alas son de color azul oscuro. Un antifaz negro le cubre los ojos y separa el color azul de los tonos anaranjados de la garganta, el pecho y el vientre.

Dadas sus adaptaciones parece claro que estamos ante un ave forestal. El trepador es un habitual de los pinares y los rebollares que también se asoma a los parques urbanos y los arrabales de los pueblos situados cerca de los bosques. Además se trata de una animal confiado e incluso atrevido que se acerca a los merenderos o los parques para recolectar restos de alimentos humanos.

Sus poblaciones serranas son abundantes y pasa todo el año en sus arboledas. En primavera busca un hueco en un tronco o en un muro y lo reduce a su tamaño utilizando barro que luego se endurece. En su interior la hembra deposita entre seis y ocho huevos. Suele hacer una sola puesta anual.

Pico picapinos
(Dendrocopos major)

Los picos picapinos son aves de ecosistemas boscosos. Sus adaptaciones anatómicas indican claramente su especialización en la vida forestal: sus garras son fuertes y los dedos se disponen enfrentándose dos a dos de manera que pueden asirse firmemente a los troncos o las ramas; la cola es corta con las puntas de sus plumas duras y acabadas en punta de manera que pueden apoyarse en ella mientras se mueven por los árboles. Además cuentan con un poderoso pico que les permite agujerear ramas y troncos en busca de larvas de insectos.

Los picos picapinos son fácilmente reconocibles: miden cerca de 26 centímetros y el diseño de su plumaje se basa en los colores blanco y negro: el píleo y la bigotera son negros enmarcando a la mejilla y la garganta. Las líneas negras de la bigotera se prolongan hacia la espalda para unirse en las alas. Se forman así otro par de triángulos blancos en la parte posterior del cuello. El vientre es totalmente blanco. Las alas, negras, están salpicadas de pequeñas manchas blancas. Los machos muestran una llamativa mancha roja en la nuca y ambos sexos tienen la zona de la cloaca con una mancha del mismo e intenso color.

Los picapinos basan su alimentación en insectos pero también engullen huevos y pollos de pequeños pájaros forestales. Con frecuencia destruyen las entradas de las cajas anidaderas para alimentarse de sus nidadas. También son unos grandes consumidores de frutas silvestres y piñones.

Para anidar taladran un profundo agujero en un árbol. Tardan es esta tarea cerca de tres semanas. Despúes la hembra pone entre cuatro y siete huevos.

Pico menor
(Dendrocopos minor)

El pico menor es una miniatura en comparación con los otros pájaros carpinteros de la sierra –el pico picapinos y el pito verde– ya que apenas mide lo mismo que un gorrión. Sin embargo, su fisonomía es muy parecida. Simplemente su tamaño le hace inconfundible.

Los colores del pico menor también son parecidos al picapinos ya que se trata de una contrastada librea donde se combinan el blanco y el negro: el píleo, la espalda y las alas son negros así como la pequeña bigotera que luego se ensancha al final del cuello. Las alas se barrean de líneas blancas y el pecho y el vientre, de color blanco, están jaspeados de finas plumas negras. El macho muestra en la frente una notable mancha de color carmesí que casi se prolonga hasta el cogote.

Como todos los carpinteros busca ecosistemas forestales y se inclina por los robledales y los bosques de galería de la sierra.

Su dieta se compone de multitud de larvas de coleópteros, de escarabajos adultos y demás animales xilófagos del bosque que completa con diversos frutos.

Entre mayo y junio construye el nido en alguna rama gruesa en la que excava un largo túnel durante dos semanas. La puesta varía entre los tres y los ocho huevos.

Reyezuelo sencillo
(Regulus regulus)

El reyezuelo sencillo es otro «peso pluma» de la avifauna del Guadarrama. Tan solo mide nueve centímetros y literalmente es una bolita de plumas donde apenas se diferencia la cabeza, una cola corta y unas alas menudas. Las partes superiores son de tonos verdes oliváceos y el vientre y el pecho de color blanco sucio. A diferencia del reyezuelo listado solo muestra un par de líneas negras en la cabeza enmarcando la banda –anaranjada en los machos y amarilla en las hembras– que adorna lo más alto de la cabeza.

Es un pajarillo con una distribución muy amplia en Eurasia pero en España aparece como reproductor en la mitad norte. En la sierra busca bosques frescos tanto de pinos como de árboles de hoja caduca, aunque prefiere las coníferas a los caducifolios. Pulula por el ramaje exterior de los árboles, desde las ramas más bajas hasta lo más alto de las copas. Se mueve rápido y nervioso en busca de insectos y arácnidos.

Preparan el nido entre el macho y le hembra y lo ubican en ramas altas y exteriores de los árboles. Es una taza pequeña de líquenes y musgos tapizada con plumas y plumones. Es muy prolífico ya que pueden sacar adelante nidadas de trece huevos para compensar las numerosas bajas invernales.

Carbonero garrapinos
(Periparus ater)

El carbonero garrapinos es una especie emparentada con el carbonero común y el herrerillo, es decir, es un párido, que se caracteriza, como refleja el diccionario «por tener el pico reducido, afilado y casi cónico, con orificios nasales tapados por cortas cerdas. Son de costumbres arborícolas y muy insectívoros». El garrapinos cumple a la perfección con estas características y como rasgo distintivo destaca su pequeño tamaño –apenas mide once centímetros–.

Su apariencia es redondeada, con una cabeza grande, donde contrastan los colores negros, que ocupan el babero de la garganta, la frente y el píleo; y el color blanco, que se reparte por la mejilla y la nuca. El pecho y el vientre son cremosos y las alas de un suave azul pizarra.

Gracias a su escaso peso puede pulular y posarse en las ramas más endebles y ligeras de los árboles, que recorren revoloteando en busca de insectos, arácnidos variados, huevecillos de invertebrados y larvas. En invierno también picotea piñones.

El carbonero garrapinos está asociado a ambientes forestales frescos y eso, en la sierra, se cumple sobre todo en los pinares de pino silvestre y en los melojares. Es allí donde debemos buscarle.

El celo es muy tempranero y ya en enero o febrero se ven los primeros escarceos amorosos. Las parejas preparan un nido mullido y confortable en el interior del hueco de un árbol, en un viejo nido de pájaro carpintero o en una caja anidadera. Pueden hacer hasta dos puestas anuales y en cada una la hembra deposita entre cinco y diez huevos.

Herrerillo capuchino
(Lophophanes cristatus)

Lo primero que llama la atención del herrerillo capuchino es la cresta, que recuerda a los enormes capuchones que cubrían la cabeza de los frailes capuchinos. El tono general de este herrerillo, pardo y achocolatado, también recuerda el hábito de estos monjes. La cresta plumosa y triangular es de tonos cremas y negros y la sube o baja según el estado de ánimo o de excitación. La cabeza en general es blanquecina con tonos más grises hacia la nuca; tras el ojo nace una línea negra que se dirige hacia atrás hasta unirse a una media luna negra; desde el pico se dibuja un pequeño babero negro que se une a un estrecho collar del mismo color que recorre el cuello desde la espalda. El resto del plumaje es muy discreto, con las alas pardas y el pecho y el vientre de tonos cremosos con matices rosados. Tan solo mide once o doce centímetros y como corresponde a los pájaros de pequeñas dimensiones es de metabolismo muy nervioso y activo.

En la sierra prefiere vivir en los pinares, tanto naturales como de repoblación, aunque no es raro en los melojares e incluso en los encinares y sabinares.

Como otros páridos su dieta se basa en gran medida en la captura de arácnidos y todo tipo de insectos que encuentra entre las hojas de los árboles o prospectando el suelo de los bosques. También ingiere una buena cantidad de frutos y semillas silvestres, en especial en invierno.

El nido lo preparan aportando materia vegetal y plumas a un hueco de un tocón o un árbol. Cada año suelen hacer dos puestas. Ponen entre tres y nueve huevos.

Piquituerto
(Loxia curvirostra)

El piquituerto es un pájaro ciertamente llamativo, tanto por sus
costumbres como por su aspec-
to. Lo más notable, sin duda, es el pico curvo con las puntas cruzadas, parecido a unas
tijeras de esquilar. Por lo demás se trata de un fringílido del tamaño de un gorrión pero más corpulento y con la cabeza proporcionalmente grande. Los ma-
chos suelen ser de colores anaranjados y rojizos con cierto fondo verde y las
hembras son verdosas o amarillentas.

Esta especie está ligada a los bosques de coníferas del hemisferio norte.
En en la sierra recorre todos los pinares, desde los más altos de pino silvestre, hasta los de repoblación de las faldas. Los piquituertos resultan más
abundantes en los pinos silvestres, donde se les puede ver en pleno invierno
encaramados en lo más alto de ramaje, con su llamativo plumaje, formando
bandadas más o menos numerosas. En esta época es frecuente avistarlos en
las cunetas de las carreteras de montaña donde bajan en busca de granos de
sal. Este comportamiento supone el atropello de numerosos piquituertos. En
primavera también se adentran por los rebollares cercanos en busca de las
avispas que crecen en sus ramas.

La forma del pico es una especialización para alcanzar las semillas de los
pinos en el interior de las piñas: son capaces de levantar las escamas duras
forzándolas con las mandíbulas mientras introducen su larga lengua en busca
de los piñones.

Su época de cría comienza a finales del invierno. Con frecuencia empollan
entre tres y cinco huevos mientras la nieve todavía está presente en gran parte
de la sierra.

Verderón serrano
(Carduelis citrinella)

El verderón serrano es un pájaro pequeño que mide unos 12 centímetros de aspecto frágil con un plumaje donde predominan los colores de tonos verdes y amarillentos. Sus dimensiones y colores recuerdan a los verdecillos pero los verderones serranos muestran colores más lisos, sin manchas oscuras; machos y hembras tienen la cabeza de un discreto color gris ceniza.

El verderón serrano es un ave propia de montañas, donde busca ambientes boscosos en los que, paradójicamente, se establece en los claros o en los aledaños de los bosques. Normalmente se encuentra por encima de los 1600 metros de altura. En la sierra de Guadarrama su ambiente preferido son los claros de los pinares de pino silvestre y las praderas y piornales que bordean la zona más alta de estos bosques.

Se ha calculado que consume cerca de treinta especies de plantas diferentes entre semillas, brotes y hojas que encuentra en el suelo. En el Sistema Central su alimento más importante son las semillas de los pinos silvestres.

Los verderones son muy tempraneros a la hora de criar ya que suele coincidir la eclosión de los huevos con la disponibilidad de piñones, justo a finales del invierno. Construyen el nido en las ramas altas de los árboles y ponen entre dos y cinco huevos. Los años en que la cosecha de piñones es muy abundante pueden hacer una segunda nidada.

Lúgano
(Carduelis spinus)

El lúgano es un pájaro discreto y exquisito que solo se deja ver en determinados ambientes; es una especie muy ligada a los ecosistemas forestales de montaña, en concreto a los pinares de pino silvestre ubicados en las rampas más altas del Guadarrama.

Precisamente el Sistema Central es uno de los pocos ambientes donde cría más allá de los Pirineos, su lugar predilecto en la península ibérica para procrear. En realidad, al lúgano se le puede ver durante el otoño y el invierno en gran parte de España pero, a la hora de criar, asciende a lugares frescos y montañosos entre los que se encuentra nuestra sierra del Guadarrama.

En invierno es capaz de abandonar pinares y hayedos de montaña y vagar por bosques de galería y campiñas.

En nuestros pinares montanos se le puede descubrir en los claros y las praderas que se abren entre las masas forestales, donde busca semillas. Su dieta comprende grandes cantidades de piñones y semillas de abedules, alisos y una gran diversidad de plantas de pequeño tamaño. Durante la primavera también caza gran cantidad de insectos con los que incrementa de forma notable las proteínas necesarias para el crecimiento rápido y saludable de sus pollos.

Este pájaro de tonos verdosos y oliváceos jaspeados de negro es de tamaño pequeño y aspecto liviano. La frente y el píleo son de color negro, las mejillas tienen tonos amarillentos, como algunas franjas de las alas y la cola. El vientre es blanco y sobre él se marcan líneas trazadas por un jaspeado oscuro.

Los luganos comienzan la reproducción en abril y pueden hacer dos polladas cada año. En cada una ponen entre tres y cinco huevos.

Águila imperial
(Aquila adalberti)

El águila imperial es otro de los vertebrados más emblemáticos de la sierra. Se trata del águila mediterránea por excelencia, siempre ligada a los entornos boscosos, sobre todo a la hora de reproducirse, pues suele cazar en los terrenos despejados próximos a estas montañas. De alguna manera la sierra ha servido a este maravilloso depredador como refugio ante el acoso y las molestias recibidas en los ecosistemas de las faldas, donde los humanos hemos transformado el entorno de manera muy notable y agresiva. Los amplios y solitarios pinares montanos sirvieron para aislarse y guarecerse de alimañeros y cazadores durante largos periodos de tiempo, aquí consiguieron resistir y sacar adelante a sus pollos año tras año.

La imperial, ciertamente, tiene un aspecto imponente: puede medir hasta 83 centímetros de altura, pesar más de tres kilos y desplegar sus alas con una envergadura de más de dos metros. Su plumaje tiene tonos que varían entre el dorado, el leonado y el chocolate. Los ejemplares maduros se distinguen por los tonos dorados de la nuca y el cuello y, sobre todo, por los hombros, engalanados por una amplia zona de plumas de un prístino color blanco.

El águila imperial es una especialista en la caza de conejos pero también captura liebres, grandes lagartos ocelados o aves. No desaprovecha las carroñas, especialmente durante los duros días de invierno, cuando la comida escasea.

Las águilas del Guadarrama siempre anidan sobre pinos. Las imperiales son monógamas y forman parejas estables durante muchos años. Suelen poner entre tres y cinco huevos pero casi nunca salen adelante todos los pollos ya que no suele haber caza suficiente para alimentar a toda la prole.

Búho chico
(Asio otus)

El búho chico es muy parecido a su pariente mayor, el búho real, pero de líneas mucho más estilizadas y un tamaño bastante menor, con una longitud cercana a los 35 centímetros de altura. Su plumaje es ciertamente bonito con tonos ocres, pardos y naranjas festoneados de manchas achocolatadas. La cabeza se adorna con los típicos cuernecillos u orejas plumosas y dos discos oculares que enmarcan a los notables ojos de color naranja ambarino.

Esta especie nocturna es muy discreta, al contrario que otros búhos serranos que ululan al anochecer, el búho chico prefiere pasar desapercibido. Es un animal muy forestal pero en la sierra, además de los pinares de repoblación que ocupan las faldas, se le puede descubrir en sotos con grandes fresnos o robles y en zonas de pradera con árboles dispersos y zarzales.

Sus poblaciones serranas son estables pero en invierno llegan muchos individuos huyendo de los fríos norteños y pueden agruparse en dormideros comunales. Este comportamiento se ha constatado en la ladera segoviana, donde se contaron más de veinte búhos chicos en un solo pino.

El búho chico es un cazador estrictamente nocturno que captura pequeños vertebrados, en especial roedores como ratas, topillos o ratones. En ocasiones también caza reptiles, anfibios o grandes insectos.

Las parejas entran en celo a finales del invierno, entonces buscan un viejo nido abandonado, normalmente de alguna corneja u otro córvido y la hembra deposita entre tres y seis huevos.

Águila calzada
(Hieraaetus pennatus)

La calzada es un águila en miniatura que mide entre 40 y 55 centímetros de largo y apenas pesa un kilo, sin embargo, no deja de ser una especie brava y una gran cazadora.

Es una especie estival que llega a principios de la primavera desde el centro y el sur del continente africano. Su silueta en seguida se distingue porque la mayor parte de los ejemplares corresponden a la fase clara que es muy vistosa, con un deslumbrante color blanco en su pecho y vientre que contrasta con el negro exterior de las alas y la cola. La espalda y la cabeza son de tonos leonados y el pecho se adorna con pintas oscuras. Existe otra coloración mucho menos abundante donde los ejemplares son por completo de color leonado oscuro.

Las calzadas ocupan territorios boscosos abiertos aunque después prefieren cazar en terrenos más despejados. En la sierra habitan todo tipo de ecosistemas forestales incluidos los bosques isla formados por pinos de repoblación o los pequeños bosques de galería que orlan los ríos y arroyos serranos hasta los 1600 metros de altura.

Entre sus presas más habituales se cuentan las aves de tamaño pequeño o mediano que incluyen un rango de tamaño que ve desde gorriones a urracas y también grandes lagartos, conejos o gazapos.

Para anidar buscan zonas tranquilas y preparan un nido en la horquilla de una rama alta de un árbol grande. Normalmente ponen un par de huevos.

Ratonero
(Buteo buteo)

El ratonero es una de las rapaces más abundantes de la sierra. Permanece con nosotros todo el año. Su silueta redondeada puede verse recortada sobre los cables, los postes o los mojones que acompañan a las carreteras cuando están acechando pacientemente a sus presas. Se trata de un ave rapaz de tamaño medio que ronda los 55 centímetros de longitud. Su silueta de vuelo también es de las más comunes, siempre trazando amplios círculos sobre bosques de todo tipo o sobre dehesas o praderas. Es muy reconocible porque es redondeada y amariposada y suele enseñar dos grandes manchas blancas en la zona exterior de cada ala.

En términos generales se adapta muy bien a los ambientes transformados por el hombre y se instala sin problemas en zonas de pradera, en explotaciones agropecuarias, en las inmediaciones de campos de cultivo y en los pinares y bosques de repoblación.

Su plumaje es de tonos achocolatados con matices castaños o leonados, el pecho y el vientre suelen mostrar zonas blancas con un grueso jaspeado de color oscuro. Nos encontramos, no obstante, con una de las rapaces que presenta más variedad de coloraciones y diseños cromáticos.

Los ratoneros muestran una clara preferencia por la captura de presas de pequeño tamaño como ratones, topillos o lagartos aunque también pueden cazar conejos, pequeñas aves e, incluso, conformarse con visitar carroñas de grandes animales.

Durante la primavera reconstruyen algún viejo nido de su territorio, instalado normalmente a gran altura en la rama de un árbol y ponen una media de entre dos y cuatro huevos.

Cigüeña negra
(Ciconia nigra)

La cigüeña negra es uno de los animales más enigmáticos de la sierra de Guadarrama. También se puede considerar como uno de los más emblemáticos y raros. Es una ave muy discreta y huidiza que siempre encontraremos ligada a los ecosistemas acuáticos de nuestra sierra. Al tratarse de un ave migradora solo la observaremos durante los meses de primavera y verano.

Su tamaño es parecido al de la cigüeña blanca y su silueta es similar, sin embargo su coloración resulta más contrastada y llamativa ya que las alas, el pecho, el cuello y la cabeza son de color negro acharolado, con refulgentes brillos tornasolados de matices verde turquesa y violeta cristalino. El pico, las patas y un amplio anillo ocular son de color rojo sanguíneo. Miden cerca de un metro de altura y tienen una envergadura cercana a los dos metros.

En la sierra busca los ambientes más tranquilos y solitarios de los ríos, los embalses y las pequeñas lagunas que jalonan las márgenes boscosas. Su dieta se compone de una variedad considerable de animales. Los peces son el plato más abundante de su comida pero también consume grandes cantidades de renacuajos, anfibios, cangrejos e incluso topillos o musarañas.

Las cigüeñas negras pueden considerarse como aves de hábitos forestales ya que merodean por los ríos que surcan los bosques y construyen sus nidos en grandes árboles. En el Guadarrama buscan viejos pinos solitarios donde apilan ramas hasta formar una gran plataforma que crece año tras año. En otros lugares prefieren establecerse en cortados rocosos. Hacen una puesta anual que varía entre los dos y los seis huevos.

Buitre negro
(Aegypius monachus)

El buitre negro es una de las aves rapaces más notables de la sierra, entre otras cosas por sus dimensiones de récord ya que nos encontramos ante la especie voladora de mayor envergadura de Europa, con una media de dos metros y 50 centímetros entre las puntas de sus alas, aunque se han citado ejemplares de tres metros de envergadura. A esas dimensiones hay que añadir su poderoso pico que tiene mucho que ver con sus hábitos carroñeros. La potencia y eficacia de esta cortante herramienta le permite desgarrar los pellejos más duros e incluso los tendones de las patas de animales como vacas o caballos. Parece que esa capacidad le faculta para ingerir pieles, pellejos y otras delicias culinarias. A parte de eso, se alimenta de pequeñas presas que encuentra sobrevolando toda la sierra: conejos, zorros y otros pequeños cadáveres que no interesan a otros carroñeros.

El buitre negro es fácil de distinguir tanto en vuelo como posado. En vuelo le define tanto su enorme dimensión como la silueta absolutamente negra. Posado se advierte claramente su plumaje oscuro adornado por un collar plumoso de tonos blancuzcos y grises. La cara carece de plumas grandes y muestra tonos grisáceos excepto el entorno de los ojos y el pico que también son negros.

En la sierra de Guadarrama se ubican varias colonias que cuentan con buenos efectivos. Aquí se encuentran, hoy por hoy, las zonas anidaderas más norteñas de la península. En la actualidad se cuentan más de 120 nidos en toda la sierra. Los buitres negros forman colonias laxas en zonas boscosas y tranquilas. Cada año las parejas ponen un solo huevo en un gran nido ubicado en lo alto de un viejo y poderoso pino silvestre.

Colirrojo tizón
(Phoenicurus ochuros)

El colirrojo tizón es inconfundible ya que, a pesar de sus colores apagados, resulta elegante: el macho se tiñe de color gris blanquecino con el pecho y la cara negros. Efectivamente recuerda el color de los tizones apagados de las hogueras con algunos rescoldos rojizos, tal como su cola, de un rojo teja que resulta especialmente llamativo por su contraste con los tonos oscuros. Las hembras son grises con la cola anaranjada.

Los colirrojos ocupan distintos ambientes en la sierra de Guadarrama siempre que tengan un componente rocoso. Frecuentan los viejos edificios, las ruinas y los aledaños de los pueblos; han cambiado los ambientes rocosos naturales por su equivalente rural donde abundan las paredes de piedras y los huecos. Aquí encuentran todo lo que necesitan parta vivir: lugares para cobijarse y huir, resquicios y agujeros para asentar sus nidos e insectos en abundancia con los que alimentarse.

Son pájaros ágiles y nerviosos que revolotean y saltan a gran velocidad en busca de insectos que buscan en el suelo, aunque son capaces de cernirse en el aire para capturarlos en pleno vuelo. También ingieren pequeñas semillas y frutos silvestres.

Construyen un voluminoso nido en forma de taza que colocan en una repisa, una grieta, en un hueco de una cueva o en el ventanuco de una habitación abandonada. Para elaborar el nido utilizan musgos, hebras vegetales, crines y multitud de hierbas y briznas secas.

Cada año suelen hacer un par de nidadas y en cada una de ellas ponen entre cuatro y seis huevos.

Curruca zarcera
(Sylvia communis)

Esta curruca es un ave de plumaje discreto, de tonos parduscos y leonados con las alas un tanto anaranjadas y el vientre y el pecho cremosos. Los machos tienen la cabeza de color gris pizarra oscuro con una bigotera blanca por debajo del ojo.

Es una especie que huye de los entornos urbanos y de la periferia de los pueblos pero le gustan los sotos, los parajes con setos y los campos entremezclados con huertas y zarzales. También frecuenta los arbustos espinosos de los sotobosques de los robledales, los encinares y los pinares. En la sierra de Guadarrama llega a establecerse a alturas próximas a los dos mil metros. Su nombre común recoge bien su preferencia por visitar los zarzales de rosa silvestre y otros arbustos espinosos como majuelos o endrinos.

Su dieta es muy variada e incluye tanto insectos como frutos. Captura todo tipo de hexápodos que encuentra entre las matas espinosas pero también ingiere una gran cantidad de frutillos silvestres, precisamente los que maduran en los espinos. En otoño su dieta frugívora puede suponer cerca del setenta por ciento de su comida.

La curruca zarcera es una especie migradora que nos visita entre la primavera y el otoño. A principios de esta prolongada época se ocupa de las tareas reproductoras. Machos y hembras construyen un primoroso nido en el interior de una zarza o un espino. Hacen un par de puestas primaverales y cada una de ella cuenta con cuatro o cinco huevos.

Bisbita alpino
(Anthus spinoletta)

El bisbita alpino mide aproximadamente 17 centímetros y recuerda, a primera vista a las lavanderas, aunque con la cola más corta. Nos encontramos ante una de las especies del Guadarrama que se puede calificar como especialista en vivir en las cumbres. Su vida está adaptada perfectamente a los ambientes más puros de la alta montaña durante los meses estivales. Cuando el invierno campa en las cimas los bisbitas alpinos vuelan a los territorios más bajos de la sierra y se establecen en ambientes ribereños hasta la llegada del buen tiempo, entonces regresan a los parajes alpinos.

Durante el invierno este bisbita no se diferencia apenas de sus parientes, el bisbita arbóreo y el bisbita campestre: todos muestran colores y diseños parecidos, con las zonas superiores de color gris parduzco finamente estriado, pecho y vientre claros y rayados de oscuro y una fina bigotera negra. Solo se puede distinguir por su mayor tamaño ya que se trata del más grande y robusto de los bisbitas serranos. Sin embargo, durante la primavera y el verano mudan el plumaje y los machos muestran la cabeza de tonos azul petróleo, pecho y flancos rosa pálido con estrías oscuras y la garganta blanca; sobre el ojo se extiende un ceja blanquecina. Las hembras tienen los mismos colores pero más apagados.

Buscan ambientes con agua como regatos, turberas o lagunas en las zonas más altas de la sierra y allí se alimentan de una gran diversidad y cantidad de insectos.

Pueden hacer dos puestas anuales que acomodan en un nido que construye la hembra en el suelo, oculto entre la hierba. Suelen poner entre cuatro y seis huevos.

Acentor alpino
(Prunella collaris)

El acentor alpino es un ave puramente montana, una de las pocas que realmente se puede catalogar como habitante exclusivo de la alta montaña. Su hogar habitual lo establece en los ambientes alpinos por encima de los 1800 metros de altura. Solo ascendiendo a esas cotas podremos observar a este elegante pájaro que, con cierta frecuencia, se acerca a las estaciones de esquí o los remontes en busca de las migajas que dejan los excursionistas.

Su tamaño ronda los 18 centímetros de longitud lo que le convierte en un pájaro de buen tamaño, con formas redondeadas y aspecto fornido. El plumaje es muy característico, abigarrado, de tonos oscuros pero rico en colores y matices: bajo el pico, de color amarillo y negro, se extiende un babero gris franjeado de líneas negras y blancuzcas; bajo el babero el pecho se barrea de oscuro y muta a unas líneas rojizas que surcan los flancos combinándose con bandas blancas. La espalda se cubre de plumas granates que se imbrican formando un diseño geométrico.

Su dieta combina semillas, brotes e insectos que rebusca en las praderas alpinas, los piornos y otros matorrales rastreros de la alta montaña.

Para nidificar busca la cercanía de los arroyos y las praderas húmedas rodeadas de canchales o grandes rocas.

Treparriscos
(Tichodroma muraria)

El treparriscos es un ave que solo aparece en la sierra de Guadarrama durante los meses de invierno, cuando llega huyendo de las durísimas condiciones ambientales de las montañas y roquedos del norte de España y Europa.

Su aspecto es muy elegante ya que el cuerpo y la cabeza son de color gris ceniza, con el vientre algo más claro. Las alas muestran un intenso color negro, pero al abrirlas como un abanico, cosa que hace con cierta frecuencia, descubre un llamativo color carmesí y vistosos lunares blancos.

Su pico es fino, curvo y largo y lo utiliza para buscar su comida en los grandes roquedos.

El treparriscos es uno de los pájaros menos conocidos y más escasos de todo el continente. Se sabe que su hábitat son las montañas rocosas de naturaleza caliza entre los 2000 y los 3000 metros de altura. La dificultad de llegar hasta sus lugares preferidos y de poder observarle a gusto hacen del treparriscos un gran enigma para los ornitólogos.

En España crían tanto en la Cordillera Cantábrica como en el macizo central de los Pirineos. Cuando llega el invierno bajan hasta el Sistema Central y pueden descubrirse ejemplares en torno a los 1000 metros de altura.

Su aspecto recuerda mucho al agateador común y ambos son unos magníficos escaladores. El treparriscos prospecta la roca y los líquenes que se instalan en ella en busca de diminutos seres como arañas, larvas, insectos y sus huevos.

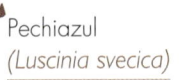

Pechiazul
(*Luscinia svecica*)

El inquieto pechiazul es una de las joyas más llamativas de los ambientes alpinos de las sierra. Es un pájaro del tamaño del petirrojo pero algo más liviano de aspecto, con las patas y la cola más largas. Durante los meses de primavera y verano asciende hasta los piornales más tranquilos y solitarios y los machos marcan su territorio a voz en pecho, posados en las ramas altas de los matorrales de montaña. Es el mejor momento para poder disfrutar de su canto y de su magnífica librea: el plumaje del pechiazul es discreto por un lado, ya que la cabeza y la espalda son de tonos pardos, como las viejas túnicas de los monjes, y su vientre es de color blanco sucio, sin embargo, bajo el pico, la garganta ostenta un llamativo babero de color azul violáceo de tonos intensos y brillantes, y bajo el babero, en el pecho, se extiende una densa mancha de color rojo sangre con tonos oxidados. Las hembras no tienen el babero azul sino blanco.

Los pechiazules pasan la temporada de primavera y verano en los ecosistemas alpinos de la sierra, entre los 1770 y los 2100 metros de altitud. En otoño se alejan por las mesetas en busca de ambientes más cálidos, normalmente cerca del agua.

Sus poblaciones más densas se concentran en las laderas norteñas, donde el frescor y el grado de humedad es mayor. Aunque se refugian entre las ramas de piornos o jabinos buscan su alimento en las praderas de montaña, donde capturan una gran diversidad de invertebrados.

Construyen el nido en el interior de los matorrales. Pueden hacer un par de nidadas al año y en cada una ponen entre cinco y siete huevos.

Roquero rojo
(*Monticola saxatilis*)

El roquero rojo es un pájaro inconfundible del tamaño del mirlo. Es un amante de los ambientes rupícolas, es decir rocosos. Les da igual que sean más bajos o que estén en lo alto de las cumbres, que sean calizos, como algunos de las faldas de la vertiente segoviana, o graníticos, como la madrileña Pedriza o la mayor parte de los roquedos que jalonan toda la sierra. En todos ellos podemos encontrarnos con el tímido y escurridizo roquero rojo.

El roquero no es muy abundante y, además, es extremadamente cauteloso, por lo que no resulta nada fácil poder avistarle con comodidad. Sin embargo, su plumaje es un deleite para la vista pues parece escapado de una selva tropical: los machos en celo se visten de un opalino color azul en la cabeza y el pecho, de matices refulgentes y metálicos que se combinan con el llameante plumaje del vientre y los flancos, de color naranja vivo. Las hembras son mucho más discretas y muestran tonos ocres y grises.

Son pájaros estivales que llegan bien entrada la primavera y se retiran a África al acercarse el otoño.

En la sierra ocultan sus nidos en las grietas de los roquedos y los canchales y los construyen a base de ramas, hierbas y musgos. Normalmente hacen una sola puesta que varía entre cuatro y cinco huevos.

La dieta de los pollos es similar a la de los adultos y se basa en un rico y variado menú de invertebrados de todo tipo que puede enriquecerse con la captura de lagartijas.

Chova piquirroja
(Phyrrocorax phyrrocorax)

La chova piquirroja es un cuervo peculiar. Su aspecto la distingue del resto de sus parientes negros por diversos motivos como el pico largo, ligeramente curvo y fino, de color carmesí, las patas, también largas y delgadas, del mismo color. Además, es un animal estilizado que puede medir cerca de 35 centímetros. El color de su plumaje es de un negro intenso y brillante, casi acharolado.

Este cuervo también tiene hábitos propios ya que no se trata de un oportunista sino que se ha especializado en la captura de insectos en las praderas que se distribuyen a lo largo y ancho de toda la sierra. La chova piquirroja frecuenta lugares rocosos ya sea en lo alto de la montaña como en las zonas más bajas y también se encuentra a gusto en los pueblos donde abundan las viejas construcciones que le ofrecen diversos lugares para dormir o anidar. Son frecuentes en los edificios en ruinas. Aunque algunas poblaciones como

La Granja cuentan con una numerosa colonia de chovas, no es fácil acercarse a ellas y prefieren campear por las lejanías de los pueblos, en las praderas más tranquilas y apartadas. Su dieta se compone de una gran cantidad y variedad de invertebrados que complementa con diversos alimentos de origen vegetal.

Con frecuencia forma bandos más o menos numerosos que evolucionan en vuelo haciendo piruetas y graznando vigorosamente. Forman colonias laxas en acantilados, roquedos, ruinas y edificios que les ofrezcan huecos donde construir un voluminoso nido. Hacen una sola puesta en primavera y crían entre tres y cinco pollos.

Avión roquero
(Hirundo rupestris)

El avión roquero es un pariente de las golondrinas comunes que habitan en los pueblos, pero su vida es muy distinta, y su aspecto también. Tienen en común su magnífica capacidad de volar a gran velocidad cerca del suelo o las superficies de edificios o roquedos y su dieta compuesta por pequeños insectos voladores. Sin embargo, su aspecto es muy diferente. El avión roquero mide cerca de quince centímetros y es de tonos pardos con el vientre más claro y un discreto moteado oscuro en la garganta, la cola larga, con las alas afiladas y cortas.

Las preferencias en cuestión de ecosistemas también son distintas ya que el ágil avión busca roquedos de todo tipo, de forma que podemos descubrir sus vertiginosos vuelos tanto en las gargantas calizas de la ladera segoviana como en los roquedos graníticos de Madrid y en distintos enclaves serranos donde la roca viva toma forma de cantil. En ocasiones pueden instalarse parejas solitarias en ambientes urbanos, como en La Granja de San Ildefonso o El Escorial; cambian los cortados rocosos por las grandes fachadas de los edificios antiguos construidos a base de roca, donde encuentran discretos lugares para colgar su nido.

El nido del avión es una taza de barro que construye a base de pequeñas pellas y que siempre coloca cerca de un extraplomo horizontal que le protege de la lluvia y del sol. Suelen hacer dos puestas durante la primavera y sacan entre cuatro y cinco pollos en cada una.

Roquero solitario
(Monticola solitarius)

El roquero solitario es una de las aves más esquivas de la sierra. Su temperamento huidizo hace muy complicada la observación pero, para encontrarle, debemos enfilar nuestros pasos a los ambientes rupícolas, allí donde las masas rocosas forman ecosistemas de estructura compleja que le permiten esconderse con facilidad y ocultar el nido en profundas y lejanas grietas.

Los roqueros solitarios son un poco más grandes y fuertes que los gorriones comunes y su plumaje es de tonos azules y grisáceos. El pico es poderoso y relativamente largo. Como su pariente el roquero rojo, suele apostarse en lo alto de alguna roca que le ofrezca una buena visión del terreno circundante, de forma que detecte alguna presencia de la que huir o algún insecto de buen tamaño que cazar. Su dieta se basa en grandes invertebrados de todo tipo, desde escarabajos hasta escolopendras, grillos o mariposas.

Son aves sedentarias que anidan en lugares tranquilos de difícil acceso como las fisuras de las moles rocosas, aunque también pueden acomodar el nido en el interior de cuevas o en edificios abandonados. Hacen una sola puesta anual, cuando la primavera ya está avanzada, y ponen entre cuatro y cinco huevos. El nido es una taza voluminosa de materia vegetal que incluye ramas, hierbas y raíces que luego tapizan con fibras vegetales más finas.

Collalba negra
(Oenanthe leucura)

La collalba negra es un pájaro de buen tamaño, aproximadamente como un estornino, lo que la convierte en la collalba más grande que habita en la sierra de Guadarrama. Su aspecto es inequívoco ya que todo el plumaje es negro con el obispillo y las cobertoras de la cola teñidas de un blanco inmaculado. Las hembras ofrecen un plumaje menos contrastado ya que predominan los tonos pardos.

Buscan territorios con buenas temperaturas e insolación por lo que la ladera madrileña es la que le ofrece mejores posibilidades para asentarse, en especial en el entorno de la Pedriza, La Cabrera y otros enclaves rocoso. Esas necesidades termófilas se complementan con zonas pedregosas con vegetación rala, poco densa y poco visitadas por los humanos.

Las collalbas negras se mueven nerviosas en sus territorios cambiando con frecuencia de posaderos. Desde ellos agita la cola como si tuviese un tic nervioso y observa las cercanías. Sus vuelos rápidos y directos le permiten repasar una y otra vez el terreno para capturar en lances vertiginosos los más variados invertebrados que se mueven entre las piedras: arañas, grillos, mariposas, escolopendras e incluso lagartijas. También ingieren pequeños frutos silvestres.

Construyen sus nidos entre rocas, en huecos o fisuras cercanas al suelo. El macho suele edificar un pequeño muro de piedrecillas a la entrada del nido. Hacen un par de nidadas en primavera y suelen criar cuatro o cinco pollos cada vez.

Collalba gris
(Oenanthe oenanthe)

La collalba gris es un ave migratoria que pasa el invierno en África y viaja al hemisferio norte para reproducirse durante la primavera y el verano. Es la collalba de más amplia distribución del mundo. En nuestra sierra también está presente y busca, como ocurre en todos los lugares a los que viaja, ecosistemas rocosos y despejados.

Esta collalba –que mide hasta 16 centímetros– resulta fácil de distinguir entre la avifauna serrana. Los machos muestran colores más contrastados que las hembras: su espalda y cabeza son de color gris perla; un amplio antifaz negro cubre el ojo desde el pico; la garganta y la mejilla son cremosas y el pecho y el vientre de tonos blanco sucio. El obispillo también es blanco. Las alas, las patas y el pico son de color negro tizón. Ellas son de tonos grises en vez de negros y su antifaz es más pequeño.

A las collalbas grises se las puede descubrir en todo el ámbito serrano siempre que el paisaje sea despejado y las rocas estén presentes, desde los pastizales de alta montaña hasta los campos en barbecho de las faldas. Sus requerimientos vitales precisan por un lado de roquedos o pedregales donde ocultar su nido y, por otro lado, pastos y campos despejados donde buscar los insectos que componen su dieta y con los que sacarán adelante a sus pollos.

El nido lo construye entre rocas, en huecos de muros o bajo piedras. Pueden hacer dos nidadas entre abril y junio y sacar en cada una de ellas entre dos y nueve pollos.

Búho real
(Bubo bubo)

El búho real, también conocido como «gran duque», es la más grande de las rapaces nocturnas y puede considerarse como uno de los superpredadores de la sierra de Guadarrama. Su aspecto es realmente soberbio: llega a medir setenta y cinco centímetros de altura y casi un metro y noventa centímetros de envergadura. Sus grandes ojos vítreos de tonos ambarinos y anaranjados observan desafiantes desde su gran cabeza, adornada por sendas orejas plumosas. El color de su plumaje es variado y combina tonos ocres, naranjas, grises, perlas, castaños y negros formando un diseño jaspeado que se ordena en líneas difusas que facilitan su ocultación durante el día. Llama la atención la fortaleza y dimensión de sus negras garras.

Cuando comienza el celo, durante las frías noches de invierno, machos y hembras emiten un lúgubre y potente canto típico de búhos: «buuu, bu-bú, buuuu, bu-bú...»

El búho real está bien representado en toda la sierra, desde los cantiles más bajos de la ladera segoviana hasta las zonas rocosas de la vertiente madrileña. Habita en los roquedos y escarpes a cualquier altura y le da igual que sean graníticos o calizos.

En todos los ambientes muestra su gran capacidad como cazador ya que no desdeña conejos, erizos, otras rapaces diurnas o nocturnas, cuervos, patos e incluso gatos.

Los búhos reales son capaces de anidar en una gran diversidad de lugares, incluido el suelo, pero prefieren instalarse en las repisas o los huecos de los cantiles tranquilos y solitarios. Hacen una sola puesta anual que se compone de un número de huevos que varía entre dos y cuatro.

Buitre leonado
(Gyps fulvus)

El buitre leonado es una de las rapaces más fáciles de ver en los cielos de la sierra. Sobrevuela durante todo el año ambas vertientes y tiene posaderos y colonias de cría en diversos roquedos de distinta dimensión. Pasan largas horas volando en busca de carroñas que detectan con su poderosa vista.

Para reconocerlo en vuelo es suficiente reparar en su enorme envergadura, de casi dos metros y medio, la forma rectangular de su silueta y la cola corta. Si la luz es buena distinguiremos los tonos pardos de los hombros. En realidad, casi todo el cuerpo del buitre muestra esos tonos pardos, canelas y leonados que le dan su nombre popular. Por lo demás, goza de un cuello largo y desnudo, como la cabeza, apenas cubiertos por un denso y ralo plumón blanco. El pico es muy grande y poderoso preparado para destazar y romper los tejidos de los animales muertos. El cuello se engalana sobriamente con una gorguera de plumón blanco en los ejemplares adultos o de plumas filiformes leonadas si se trata de jóvenes.

Los leonados son los buitres más abundantes de la sierra por lo que su importancia ecológica es trascendental para mantener los ecosistemas libres de cadáveres. Estos buitres son capaces de hacer desaparecer a una vaca o un caballo en una sola jornada. Cuando detectan un cadáver pueden juntarse más de cien buitres para llenar su hambriento buche. A pesar de su peso próximo a los 10 kilos y su fuerza, en ocasiones comen tanto que no pueden levantar el vuelo.

Construyen el nido en los cantiles o en las repisas rocosas, donde acumulan palos y ramas de distinto tamaño. Hacen una sola puesta anual y solo crían a un pollo que pasa cerca de cinco meses en el nido.

Águila real
(Aquila chrysaetos)

El águila real se encuentra en la cima de la pirámide trófica de la sierra de Guadarrama y también en las cimas y cantiles de toda la comarca, aunque también es capaz de vivir en las faldas y asentarse en ecosistemas boscosos. Junto con el lobo, que prácticamente ocupa todo el territorio, y el águila imperial son los grandes superpredadores del parque nacional. Su capacidad venatoria incluye a las crías y jóvenes de todos los mamíferos herbívoros de la sierra y también a zorros y otros pequeños cazadores. Su dieta es más amplia que la del águila imperial, muy especializada en la captura de conejos. Por otro lado, sus gustos a la hora de escoger sus territorios de caza también son muy variados e incluyen desde las cumbres hasta las dehesas o las praderas de las faldas.

El tamaño del águila real es una de las claves para distinguir su silueta en vuelo, que es la manera más fácil de observarla. Su envergadura se acerca a los dos metros y treinta centímetros y su altura llega a los 80 centímetros. Su silueta muestra unas grandes alas cuadrangulares, estrechas y largas y una cola grande y alargada. El plumaje es castaño oscuro pero en los ejemplares adultos toma un tono dorado en la cabeza el cuello y los hombros. Sus patas cuentan con una espesa calza de plumas que en otras aves de presa se presenta desnuda y escamosa. Posee un gran pico ganchudo y fuerte y unas garras capaces de hacer presa con sus enormes uñas negras.

Las águilas reales son monógamas y se emparejan para toda la vida. Construyen varios nidos en su territorio y en primavera se deciden por alguno que restauran antes de poner uno o dos huevos.

ÍNDICE DE ESPECIES